그런 하느님은 원래 없다

그런 하느님은 원래 없다

2019년 12월 13일 교회 인가
2020년 7월 31일 초판 1쇄 펴냄
2025년 6월 20일 초판 8쇄 펴냄

지은이 · 한광석
펴낸이 · 정순택
펴낸곳 · 가톨릭출판사
편집 겸 인쇄인 · 김대영
편집 · 김지영, 강서윤, 김지현, 박다솜
디자인 · 류아름, 강해인, 이경숙, 정호진
마케팅 · 임찬양, 안효진, 황희진, 노가영

본사 · 서울특별시 중구 중림로 27
등록 · 1958. 1. 16. 제2-314호
전자우편 · edit@catholicbook.kr
전화 · 1544-1886(대표 번호)
지로번호 · 3000997

ISBN 978-89-321-1720-1 03230

값 16,000원

ⓒ 한광석, 2020.

성경, 교회 문헌 ⓒ 한국천주교중앙협의회, 2020.

이 책의 한국어 출판권은 (재)천주교서울대교구 가톨릭출판사에 있습니다.
저작권법에 의해 보호를 받는 저작물이므로 무단 전재와 무단 복제를 금합니다.

가톨릭의 모든 도서와 성물, 디지털 콘텐츠를 '가톨릭북플러스'에서 만날 수 있습니다.
https://www.catholicbookplus.kr | (02)6365-1888(구입 문의)

그런 하느님은 원래 없다

지은이 **한광석**

Ο Θεός είναι νεκρός Gott ist tot Ο Θεός είναι νεκρός Gott ist tot Ο Θεός είναι νεκρός
"Gott ist todt. Gott bleibt todt. Und wir haben ihn getodtet. Wie trosten wir uns, die Morder aller Morder?"

가톨릭출판사

◆

프란치스코 교황의 말씀대로
신앙이 부정되고 비웃음까지 당하는 이 시대에,
때론 흔들리지만 **그분** 안에서 몸부림치며
살아가는 친구들을 위해 바칩니다.

들어가며

신학생 시절의 일이다. 본당의 초등부 주일학교 어린이 한 명이 나를 무척 따랐는데, 부모님끼리도 잘 알았기 때문에 늦둥이 여동생처럼 느껴졌다. 그 친구의 가족들은 이사를 갔고, 후에 미국으로 이민을 갔다는 소식을 들었다. 세월이 흐른 후, 그 친구의 어머니로부터 인사차 방문하고 싶다는 전화를 받았다. 약 15년 만의 재회라 기쁘고 떨리는 마음으로 만남을 기다렸지만, 만남의 반가움도 잠시였다. 그 친구는 무신론자가 되어 있었고, 부모님은 그런 딸과의 갈등으로 어려움을 겪고 있었다. "세상에 신은 없는데, 왜 사제가 되셨어요?"라는 질문에 한동안 할 말을 잃었다. 부모님은 이런 딸을 설득해 달라고 말했지만 서로의 무거운 마음을 끝내 돌리지는 못했다.

'이 친구에게 무슨 일이 있었던 걸까? 과학적 사고나 미국 가톨릭교회의 아동 성범죄 사건이 이 친구를 냉소적인 무신론자로 만든 걸까?'라는 생각이 그치질 않았고, 지워지지 않는 아픈 기억이 되었다.

시간이 지나면서 그 친구가 독특하거나 유별나서 그런 것이 아니라는 걸 확인하게 된다. 내 가족 안에서부터 신앙의 갈등을 겪으며 성당에 다니지 않는 조카들이 보인다. 또한 만나는 신자들마다 자신의 자녀들이 세례는 받았지만 커 가면서 더이상 신앙 생활을 하지 않는다고 고백한다. 어느 신흥 종교에는 젊은이들이 넘쳐 난다고 한다. 그러나 통계를 굳이 내밀지 않아도 대부분의 성당에서는 젊은이들을 찾기가 쉽지 않다.

무신론과 과학 기술의 발전 속에 사는 세대에서는 신앙이 깊게 뿌리 내리기 쉽지 않다. 게다가 점점 어려워지는 경제 여건 안에서 맞닥뜨리는 악과 고통의 문제도 있다.

또한 성당에 다니는 신자들도 각자의 생각대로 자기만의 신을 만드는 모습을 접하게 되는데, 과연 제대로 하느님을 믿는 것인지 의문이 들 때도 있다.

　이런 상황에서, 그때 그 주일학교 친구를 다시 만나 미처 나누지 못한 대화를 하고픈 삼촌의 마음으로 노트북을 켠다. 무신론과 과학, 악의 문제를 고민하며 대화하지 않고서는 지금 시대에 살아 계신 하느님의 목소리를 들을 수 없으리란 확신에서 용기를 내어 본다. 따라서 이 책은 전문적인 신학 서적이라기보다 인문학적 접근이라 할 수 있다.

　초안을 읽고 조언을 주신 은인들께 감사하고, 이 책이 나오는데 도움을 주신 가톨릭출판사 가족들에게 고마움을 전한다. 또한 이 황량한 땅에서 하느님에 대한 사랑 체험 때문에 기꺼이 죽음을 선택한 무명 순교자들을 본받을 은총을 청한다.

해미 순교자 국제성지에서

한광석 마리요셉

차례

들어가며 　　　　　　　　　　　　　　　　　　*005*

1장　과연 하느님이 계실까?

무신론의 역사　　　　　　　　　　　　　　　　*018*
그리스도인에게 던지는 질문　　　　　　　　　　*029*
무신론 시대의 하느님　　　　　　　　　　　　　*037*
쉬어 가기. 《다빈치 코드》의 계보　　　　　　　*047*

2장　하느님이 계시다면 왜 악이 있을까?

악이란 무엇인가?　　　　　　　　　　　　　　　*062*
그리스도교가 보는 악　　　　　　　　　　　　　*069*
하느님은 어디 계실까?　　　　　　　　　　　　*079*
쉬어 가기. 자연재해와 하느님　　　　　　　　*087*

3장　하느님이 기도를 들어 주실까?

하느님은 어떤 분인가?　　　　　　　　　　096

성경에 대한 오해　　　　　　　　　　　　111

어떻게 기도해야 하나?　　　　　　　　　122

쉬어 가기. 기도를 방해하는 요소들　　　135

4장　돈이 최고인 시대에 하느님의 자리는?

고대와 중세의 돈과 신앙　　　　　　　　149

종교 개혁가들의 돈과 신앙　　　　　　　155

청빈론인가 청부론인가?　　　　　　　　160

쉬어 가기. 내 색깔대로 살며 기도하기　　168

5장 가톨릭은 성性에 너무 보수적이지 않나?

초세기와 중세의 성과 신앙	180
종교 개혁가들의 성과 신앙	186
아름다운 성을 위하여	189
쉬어 가기. 교회의 자랑스러운 약점	198

6장 인공 지능AI 시대에 신앙이 무슨 의미가 있을까?

과학과 신앙이 대립하는가?	205
갈등을 넘어서	230
나오는 말을 대신하여	241
쉬어 가기. 보이지 않으면 없다?	248

1장

과연 하느님이 계실까?

길거리나 역 주변에서 '예수 천당, 불신 지옥'을 외치는 이들 때문에 불쾌함을 느낀 적이 있을 것이다. 종교의 자유가 보장된 현대 사회에서 전교는 더 이상 종교인들만의 전유물이 아니다. 영국에서 한 버스 광고 캠페인이 큰 주목을 받은 적이 있다. 기자이며 작가인 아리안 쉐린Ariane Sherine이 창안했고, 리처드 도킨스Richard Dawkins 등 유명인들의 지원으로 시작된 일명 '무신론자 버스 캠페인'이다. 그 캠페인의 슬로건은 "신은 없는 것 같습니다. 이제 걱정하지 말고 인생을 즐기세요."였다. 미국을 비롯한 많은 나라에서도 동참했다. "왜 신을 믿죠? 그냥 선성善性을 위한 선을 행하세요." 대표적 가톨릭 국가인 이탈리아에서도 이 캠페인이 이어졌다. "나쁜 소식은 하느님이 존재하지 않는다는 것이고, 좋은 소식은 당신이 신을 필요로 하지 않는다는 것입니다."라는 슬로건을 내세웠다.

이처럼 무신론적인 입장을 대외적으로 주장해도 이상하지 않은 사회가 되었다. 신이 없어도 아무 지장 없이 잘 살 수 있고 선하게 살아가는 데 아무 어려움도 없다고 생각하는 사람들이 많다. 소위 신앙인들의 스캔들과 악행, 많은 사람이 살면서 겪는 고통을 보면 신이나 종교의 은총을 말하는 것이 오히려 조심스럽다. 또한 신을 믿는 사람은 고리타분하거나 신뢰가 덜 가는 사람으로 취급되기도 한다. 무신론이 주된 신앙으로 되어 간다고 해도 과언이 아닐 정도이며, 이를 뒷받침하는 교양서적, 철학 서적, 과학 서적 또한 넘쳐난다. 그리스도인들은 이런 시대적 흐름을 거스르는 비현실주의자로 비춰지기도 한다. 이처럼 문화의 일부 정도로만 종교를 받아들이는 사람이 늘고 있기에 종교와 신의 영역은 점점 줄어들고 있다.

반면 현대의 그리스도인들은 마치 뿌연 안개 속에서 방향을 잃은 것처럼 헤매고 있다. 어릴 적부터 듣고 배워 온 것에 대한 회의와 함께, 진정으로 체험해 보지 못한 신에 대한 의문도 쌓여 간다. 그러나 갈증을 채워 줄 답을 얻기는 쉽지 않다. 이런 상황에서도 무신론과의 대화와 동행은 신앙인으로서 포기할 수 없는 과제이다. 이 동행의 여정에서 무신론자의 배낭에 무엇이 들어 있는지를 살펴보면서, 과연 그리스도인으로 신앙의 여정을 걸어갈 이유가 무엇인지를 진지하게 물으려 한다.

무신론과의 대화를 위해선 우선 무신론이 무엇인지 묻지 않을 수 없다. 무신론(無神論, ἄθεος, Atheism)의 사전적인 의미는 신의 존재에 대한 신앙을 부정하거나, 신의 존재 자체를 인정하지 않는 사상이다.[1] 무신론은 신을 비롯한 모든 영적인 존재를 부정하는 것을 골자로 한다. 무신론은 보통 일신교一神教를 포함한 적어도 하나 이상의 신의 존재를 인정하는 유신론有神論의 반대 개념이라 할 수 있다. 물론 종교이면서도 특정 신을 믿는 종교가 아닌 불교처럼 다양한 종교가 있을 것이다. 그러나 여기서는 그리스도교의 유일신에 범위를 한정해서 이야기를 할 것이다.

유신론과 무신론의 차이를 잘 표현하는 지문은 다음과 같

---

[1] 정의채, '무신론', 《한국가톨릭대사전 5》, 한국교회사연구소, 1997, 2808.

다. 곧, '신이 자신의 모상(模像, Image of God)대로 인간을 창조했을까? 아니면 인간이 자신의 모상대로 신을 창조했을까?' 이것이 우리에게 주어진 실제적인 질문이다. 신을 인간이 만든 것인지 아닌지를 판단하는 기준은, 그리스도교가 말하는 사람이 되신 하느님이 진짜로 있느냐 하는 문제이기도 하다. 특히 젊은 세대에게 이미 '종교'와 '신'이라는 단어는 고루한 느낌을 주는 전통 정도로 여겨진다. 과학 기술이 발전하지 않았던 시절에는 모든 자연 현상과 사건을 신의 뜻이라고 보았다. 비바람이 몰아치고, 지진이나 가뭄, 극심한 추위와 더위 등을 모두 신의 노여움과 연관 지은 것이다. 그러나 인간은 이제 과학 기술의 발전과 우주의 원리를 깨달음으로써 이런 것을 모두 하나의 자연 현상으로 받아들이게 되었다. 대우주도

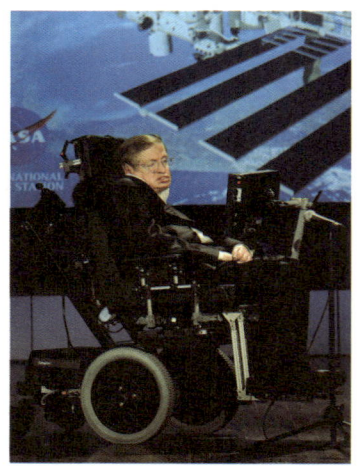

스티븐 윌리엄 호킹(Stephen William Hawking, 1942년 1월 8일 ~ 2018년 3월 14일)은 영국의 이론 물리학자이다.

누가 만든 것이 아니라 우연히 생긴 것이고 자연의 원리에 따라 세상이 움직이는 것일 뿐이다.

이를 증명하듯, 우리 시대의 위대한 물리학자로 일컬어지는 스티븐 호킹Stephen Hawking 박사는 유고집에서 "신은 없다. 우주를 지시하는 사람은 아무도 없다."[2]라는 간략한 대답을 내놨다. 이렇게 현대의 무신론은 과학을 바탕으로 말하기에 더욱 단호하고 굳건해 보인다. 무신론자로 유명한 생물학자 리처드 도킨스Richard Dawkins는, "나는 초자연적인 창조주의 존재 확률이 매우 낮다고 생각한다."[3]라고 밝힌 바 있다. 보이는 것을 대상으로 연구하는 과학자

클린턴 리처드 도킨스(Clinton Richard Dawkins, 1941년 3월 26일~)는 영국의 동물행동학자, 진화생물학자 및 대중과학 저술가이다.

---

2 'Rob Picheta, "'There is no God,' says Stephen Hawking in final book," CNN, October 17, 2018.

3 John Bingham, "Richard Dawkins: I can't be sure God does exist," The Telegraph, 24 Feb 2012.

들에게 어쩌면 당연한 대답일지도 모른다. 마치 어린아이 때만 잠시 믿게 되는 산타클로스처럼, 인간의 필요를 위해 잠시 만들어진 존재일 뿐 신을 증명할 수 없기 때문이다. 그러나 이런 주장이 새로운 것은 아니다. 이는 단순한 개인의 주장이라기보다는 긴 역사와 흐름을 가진 단단한 이론이라는 뜻이다. 그렇기 때문에 무신론이 어떤 역사를 갖는지 보면서 무신론이 말하는 바를 살펴보는 게 순서일 것이다.

1) 무신론의 역사

a. 고대와 중세의 무신론[4]

'신이 인간을 만든 것이 아니라, 인간이 신을 만들었다'는 생각은 프로이트나 마르크스, 니체 같은 사상가를 떠올리게 한다. 그들이 근대의 인물이기에 흔히 근대 시기의 주장으로 여기곤 하나 그 뿌리를 찾아가다 보면, 보통 기원전 6세

---

[4] 로버트 뱅크스 지음, 김은홍 옮김, 《그리스도인을 위한 무신론 사용설명서》, 새물결플러스, 2014, 43-76 참조.

기의 몇몇 고대 그리스 사상가들까지 올라간다. 하지만 그 이전에도 인간이 신들을 창조해 냈다는 생각은 있었다. 이 생각을 처음으로 발설한 사람들은 기원전 8세기에 있던 구약 성경의 몇몇 예언자들이다. 곧 수세기에 걸쳐 종교에 가해진 가장 근본적인 도전들은 외부가 아니라, 종교의 왜곡과 타협을 내부에서 비판한 급진적인 신자들에게서 나왔다.

기원전 12세기인 모세 시대에 이스라엘에서는 유일신 신앙이 자리를 잡았다. 그러나 이스라엘은 이방異邦의 신인 바알Baal과 같은 신에 현혹되기도 했다. 엘리야 예언자가 바알의 예언자들과 대결한 것이 대략 기원전 8세기의 일인데, 그는 이방의 신들이 인간이 만든 우상에 불과하며 하느님처럼 인격을 가진 참된 신이 아니라고 했다(신명 4,15-31 참조; 1열왕 18,20-40 참조). 이스라엘 민족에게서 최초의 무신론이 등장한 셈이다. 이스라엘의 예언자들은 줄곧 이방의 신들을 그렇게 말했다. 그 형상이 주변 민족들에 의해 숭배되었기 때문이다. 그래서 그들이 만들어 낸 신들은 허상이요 헛것이고(이사 41,29 참조), 마음을 현혹시키는 것일뿐(이사 44,20 참조)이라며 이방신들을 조롱하였다.

한편 기원전 6세기부터 전통적인 그리스의 신들은 영향력을 상실하기 시작했다. 그들만의 영역에서 인간처럼 먹고 마시고 사랑하고 죽고 죽이는 신들에 대한 의문이 제기된 것이다. 몇몇 철학자들은 신화神話에서 관심을 돌려 세상의 근본적인 원리를 찾아 질문을 던졌다. 기원전 5세기의 철학자 크세노파네스는 자연적인 원인으로 신들의 역할에 의문을 제기했으며, 그리스 신들의 비윤리적이고 무절제한 행위도 비난했다. 플라톤은 나아가 "신들은 전혀 실제가 아니며 오직 신화의 산물로만 존재한다."라는 언급까지 했다.[5] 서기 5~60년 경에 그리스의 여러 도시에서 활동한 바오로 사도는 아테네에 도착한 후, 도시에 가득 찬 우상들을 보게 되었다. 바오로는 그 우상은 아무것도 아닌 존재일 뿐이라 가르치며 이렇게 말하였다. "우상에게 바쳤던 제물과 관련하여, 우리는 '세상에 우상이란 없다.'는 것과 '하느님은 한 분밖에 계시지 않는다.'는 것을 알고 있습니다."(1코린 8,4) 인간이 육체적 욕망으로 분별력을 잃어버리고 신을 육체적이고 감각

---

[5] Jakub Jirsa, "Plato on characteristics of god" 243 재인용.

적인 것들에서 찾고 있다는 주장이었다.[6] 이는 인간 스스로 만들어 낸 신에 대해 어떤 이미지를 가질 수 있다는 위험을 경고하면서, 인간의 상상이 신을 만들어 낼 수 있다는 가능성을 인정한 것이다. 루터와 같은 종교 개혁가들에 의해 이 사상은 더욱 발전되었다. 루터는 "그들은 참된 하느님보다 자신의 상상이 꾸며낸 것을 더 진정으로 예배한다. 그것이 자신의 상상과 부합하기 때문이다."[7]고 말하기도 했다.

16세기까지 무신론은 신을 믿긴 하지만 자신이 원하는 대로 믿고 살아가는 태도를 의미했다. 또한 무신론자는 전통적인 종교에 도전하는 사람들을 말했다. 신 자체를 부인하는 사람들은 소수에 불과했기 때문이다. 그러나 17세기 영국의 철학자 데이비드 흄은 신의 존재를 주장하는 논증들에 대해 본질적인 의심을 제기했다. 그는 신은 알 수 없는 존재라고 주장하며 그리스도교의 근본을 흔들었다. 비슷한 시기에 칸트는 신의 존재와 영혼의 불멸 같은 형이상학적 주제

---

[6] Athanasius, "On the Incarnation", 8.1-3 재인용.
[7] Martin Luther, "Lectures on Isaiah Ch 40-66", Concordia, 1972, 140 재인용.

를 이성으로는 알 수 없다고 했다. 이러한 주장은 근대 독일에서 무신론을 여는 단서가 되었다.

이렇게 무신론은 하나의 형태로 시작한 것이 아니었다. 무신론은 인간이 거짓 신들을 만들었다는 비판에서 시작하여 신을 알 수 없다거나 거부하는 쪽으로 방향이 바뀌었다. 신을 알 수 없다거나 신 자체를 거부하게 된 것은 무신론의 또 다른 진화라고 할 수 있다.

b. 근대 이후의 무신론

근대에 이르러 독일에서부터 오늘 우리가 아는 구체적인 무신론의 형태가 완성된다. 곧 '인간이 신을 만들었다.'는 관점에 영향을 준 네 명의 중요한 사상가를 간략히 살펴보는 것은 다음 논의를 위해 필요하다.

첫째는, 루드비히 포이어바흐Ludwig Feuerbach이다. 포이어바흐의 주장은 그리스도교와 신은 인간이 창조한 환상이라고 체계적으로 비판한 첫 사례라 할 수 있다. 대표작인《기독교의 본질》에서 인간의 이성이 자신의 약점들을 알게 된 후에, 이 특징들에 대비되는 존재인 신을 만들어 베껴 그려내

루트비히 안드레아스 폰 포이어바흐(Ludwig Andreas von Feuerbach, 1804년 7월 28일 ~ 1872년 9월 13일)는 독일 철학자이자 인류학자이다.

듯 반영하는 투사를 한다고 했다. 또한 그리스도교가 인간을 닮도록 창조된 신을 보여 주는 최고의 사례이며, 인간이 죽음에 대한 두려움에 대항하여 일종의 환상으로 종교를 만들었다고 보았다. 그는 신을 인간의 좌절과 이를 극복하기 위한 노력에서 비롯된 소원의 산물에 불과하다고 본 것이다.

"신은 무한한 존재이고, 인간은 유한한 존재이다. 신은 완전하고 인간은 불완전하다. 신은 영원하고 인간은 일시적이다. 신은 전능하고 인간은 약하다. 신은 거룩하고 인간은 죄로 가득하다. 신과 인간은 모두 극단적인 존재이다. 신은 절대적으로 긍정적이며 모든 실재의 총합이다. 인간은 절대적으로 부정적이며 모든 비실재를 포괄한다. 그러나 종교에서 인간은 자신의 잠재된 본성을 바라보는 것이다."[8]

둘째는, 칼 마르크스Karl Marx이다. 마르크스는 포이어바흐의 영향을 받았다. 그래서 종교를 자신을 발견하지 못했거나 상실한 인간의 자기애自己愛로 보았으며, 신을 압제 상태의 대체물로 보았다. 더불어

칼 마르크스(Karl Marx, 1818년 5월 5일~1883년 3월 14일)는 독일의 철학자, 경제학자, 역사학자, 사회학자, 정치이론가, 언론인, 공산주의 혁명가이다.

그는 인간을 사회적, 경제적, 정치적 삶과 연결시켰다. 종교가 인간을 만든 것이 아니라, 인간과 국가와 사회가 종교를 만들었다는 것이다. 그래서 "종교는 고통받는 피조물의 한숨이요 무정한 세상의 영혼이며, 정신이 없는 상태의 정신이므로 인민의 아편"[9]이라고 했다. 그는 종교가 때로 부자와

---

8 루트비히 포이어바흐 지음, 강대석 옮김, 《기독교의 본질》, 한길사, 2008, 27-30.
9 로버트 뱅크스 지음, 김은홍 옮김, 《그리스도인을 위한 무신론 사용설명서》, 새물결플러스, 2014, 110.

권력자들 편에 서서 가난한 사람을 무시했던 사례에서처럼, 현실에서 사회 약자들의 부당함을 개선하기보다는 미래의 천국에서 누릴 영원한 복을 강조하는 점을 예리하게 비판했다. 그러나 그리스도교의 신이 가진 초월적인 성격을 거부했을 뿐이지 최고 존재 자체를 거부한 것은 아니었다.

셋째는, 지그문트 프로이트Sigmund Freud이다. 프로이트는 무의식의 영역을 밝혀내며, 인간이 신을 창조했다는 주장을 심리학적으로 해석했다. 이러한 주장은 오늘날까지 이어지고 있다. 곧 신이 자신의 모상대로 인간을 창조하였다는 성경 구절을 인간이 자신의 모상대로 신을 창조했다는 진술로 바꾸어 말한다. '예수'는 실존 인물이지만 구원자인 '그리스도'는 실존 인물이 아니라 신화적인 존재이기에 입증될 수 없다는 것이다.[10] 또한 인간의 소원과 두려움의 표현이라는 포이어바흐의 주장을 넘어, 종교를 인간의 가장 긴급한 소원들의 충족에 지나지 않는 환상이며 착각으로 보았다. 꿈과 같이 무의식 속에 감춰진 인간의 억눌린 욕망의 투사라

---

10 한스 큉 지음, 성염 옮김, 《神은 存在하는가》, 분도출판사, 1994. 393.

지그문트 프로이트(Sigmund Freud, 1856년 5월 6일 ~ 1939년 9월 23일)는 오스트리아의 정신과 의사이자 정신분석학의 창시자이다.

는 것이다. 따라서 그는 신을 입증 불가능한 유치한 소망이자, 어머니를 차지하려는 욕망으로 아버지에 반항하는 "오이디푸스 콤플렉스에서 유래하는 아동기의 갈등"에 뿌리를 둔 것으로 본다. '하느님 아버지'에게 어릴 적 아버지가 투사되는 사랑과 증오의 콤플렉스이기에 "아주 극복되는 일은 결코 없다."고 단언한다.[11]

넷째는, 무신론에 종지부를 찍은 프리드리히 니체Friedrich Nietzsche이다. "신은 죽었다"라는 니체의 주장은 20세기 서구 지식인의 주요한 구호가 될 정도였다. 그의 주장은 심리학·철학·신학·시·소설 등에 깊은 영향을 미쳤다. 니체는 그리스도교와의 전면 대결을 통해 모든 기존 가치에 대

---

11 같은 책, 394.

한 거부를 선언했다. 인간이 신을 창조했다고 봤기 때문이다. 그리스도교는 가상적인 세계이며, 꿈은 현실을 반영하는 데 비해 그리스도교는 현실을 왜곡시키고 경시하며 부정하고 있다고 보았다.[12] 니체는 천박하고 병들고 약한 이들만을 위하는 그

프리드리히 빌헬름 니체(Friedrich Wilhelm Nietzsche, 1844년 10월 15일 ~ 1900년 8월 25일)는 독일의 문헌학자이자 철학자이다.

리스도교는 노예 윤리이기에 파기되어야 하며, 대신 고귀하고 건강한 이들을 위한 군주 윤리가 세워져야 한다고 주장했다. 그래서 이제까지 모든 가치의 기준이었던 신에 대해 죽음을 선고하고, 새로운 개념인 '초인超人사상'을 선언했다. 초인이란 하늘나라의 희망을 믿지 않고 이 땅에 충실하며, 신의 죽음을 확신하고 영겁 회귀의 사상을 깨달을 수 있는 사람이다. 니체는 《차라투스트라는 이렇게 말했다》의 앞

---

12 같은 책, 555.

부분에서 중요한 결론을 언급하고 있다. "모든 신들은 죽었다. 이제 우리는 살기 위하여 초인을 갈망한다. 이것이 대낮에 우리의 최종적인 의지가 되어야 할 것이다."[13] 니체는 머지않아 유럽에 허무주의가 도래할 것을 예언했다. 그래서 선악을 초월한 입장에서 현실 긍정적이고 적극적인 삶을 강조하고 나섰던 것이다.

---

[13] 프리드리히 니체 지음, 사순옥 옮김, 《짜라투스트라는 이렇게 말했다》, 홍신문화사, 2006, 92.

2) 그리스도인에게 던지는 질문[14]

신과 그리스도교를 비판한 이 네 명의 사상가들에게는 흥미로운 공통점이 있다. 바로 이들 네 명이 모두 종교적인 배경을 지니고 있기 때문이다. 포이어바흐는 루터교 가정에서 자라나 한때 목사가 되려 했고, 마르크스는 유다교에서 개신교로 개종한 가정에서, 프로이트는 유다인으로 '개혁주의 유다교Reform Judaism'의 전통에 서 있었다. 니체는 아버지가 루터교 목사였다. 이들은 유다교와 그리스도교의 많은 영향을 받았고, 성경과 신학적인 저작들에 대부분 정통했다. 물론 이들이 그리스도교의 계시와 역사적 사실에 대한 이해가 부족했고, 심리적으로 건강하지 않은 측면만을 부각하여 신을 부정한 것에 대한 비판은 얼마든지 가능하다. 그리스도교의 계시는 그런 심리적인 범위를 넘어서기 때문이다. 그럼에도 이들의 비판을 주의 깊게 들을 필요도 있다. 이들은 사람들

---

14 로버트 뱅크스 지음, 김은홍 옮김, 《그리스도인을 위한 무신론 사용설명서》, 새물결플러스, 2014, 175~193 참조.

이 가진 긍정적, 혹은 부정적인 신 이해에 본인의 관심사와 어울리는 것을 부여하려는 경향이 있다는 것을 간파했다. 인간이 자신의 소원과 두려움을 신에 투사하려는 유혹을 지속적으로 느낀다는 것이다. 그렇게 함으로써 자신이 제어할 수 있는 신의 모상, 곧 우상을 계속 창조한다고 보는 통찰은 일리가 있다.

이 때문에 신앙인이 아닌 사람은 실제로 존재하는 신을 받아들이지 않게 되고, 신앙인은 신을 있는 그대로 받아들이지 않게 된다. 두 경우 모두 신이 그들에게 실제로 원하는 것을 피하도록 해 주기 때문이다. 20세기의 대표적인 신학자 중 한 사람인 카를 바르트도 성경과 하느님에 관련된 내용 중 자신에게 맞지 않은 것을 무의식적으로 지워 버리고 자신의 생각에 더 맞는 것으로 바꾸며, 자기 맘대로 하느님을 만드는 신자들이 많다고 지적하였다. 그래서 손가락질할 대상은 비신자들이 아니라 신자들이라고 했다.[15] 그리스도

---

15 S. C. Barton, 《Idolatry: False Worship in the Bible, Early Judaism and Christianity》, T&T Clark, 2007, 227 재인용.

인들이 무신론을 주장하던 사상가들로부터 배워야 할 것이 바로 이 점이다. 신이 인간에게 길들여져 있음을 분명히 지적하기 때문이다.

　예를 들어, 포이어바흐는 신의 이미지가 인간의 꿈과 환상에 의해 혹은 개인의 잠재력, 소원과 갈망에 의해 영향을 받는 것은 아닌지 점검해야 한다고 말한다. 인간의 소망을 집약시켜 신으로 만들 수 있기 때문이다. 마르크스도 인간이 현세의 삶에서 결핍이나 고통에 대한 보상을 신으로부터 받기 위한 것은 아닌지 묻는다. 프로이트는 반대로 부모와의 관계에 의해 신에 대한 이미지가 영향을 받는 것은 아닌지, 인간의 안락한 미래를 보장받거나 죄책감에 대한 보상으로 신을 만든 건 아닌지 성찰케 한다. 니체는 예수에 대해서는 경의를 표했다. 그러나 그리스도인들이 예수의 '살아 있는 실천'을 '신앙'으로 만들어 버렸으며, 마침내는 교리로 변질시켜 예수가 원하지 않는 광신도의 집단으로 만들어 버렸다고 비판하였다. 이는 그리스도인들의 신앙을 실재와 비교하여 이론과 실천을 부합하도록 하고, 본질적인 예수에 의거하여 자신의 정체성을 세우라는 이야기이기도 하다.

〈천지창조Creation of man〉, 미켈란젤로 부오나로티Michelangelo di Lodovico Buonarroti Simoni, 1508~1512년, 프레스코, 시스티나 성당, 바티칸, 이탈리아.

또한 그는 인간의 병들고 고통받고 열등한 면을 부각시키며 스스로 허약한 상像을 만들어 휘둘리지 말고, 한층 더 긍정적인 면을 발견해 갈 수 있는 시야의 전환을 요구한다.

우리는 하느님의 이미지를 잘못 만들 수 있다

이 밖에도 인간이 만든 하느님 이미지들이 많이 있다. 《네 하느님은 너무 작다》를 쓴 필립스 J. B. Phillips는 하느님의 이미지들을 제시하고 있다. 일반적으로 미켈란젤로가 시스티나 성당에 그린 〈천지창조〉에 나오는 수염을 기른 할아버지의 모습을 비롯하여 판사, 부모, 원로, 교도관, 완벽주의자, 바쁜 분, 엘리트, 약속의 신 등이 그것이다. 또한 권위주의적인 교사, 산타클로스, 만능 해결사, 최고 경영자, 우주적인 아빠, 마술사, 상담자, 군국주의적인 용사, 무대 뒤 감독, 분파주의자, 행동주의자, 고문 기술자, 방관자, 이데올로기의 창시자, 신학자, 큰형님, 회계사, 남성 우월주의자, 백인 우월주의자, 수호천사, 영원한 생명보험사 등이 있다. 일부는 하느님이 많이 왜곡되어 있다.

2018년, 미국 노스캐롤라이나 대학교에서는 '미국에서의 신의 얼굴'이란 주제의 연구를 진행했다. 미국의 그리스도인 511명(남성 330명·여성 181명)이 참여한 실험에 백인은 74%, 흑인은 26%의 비율이었다. 연구진은 기본 얼굴을 조금씩 바꿔 만든 300쌍의 얼굴을 보여 주고, 신의 얼굴과 비슷하다고 생각되는 것을 참가자에게 고르게 했다. 이렇게 선택한 얼굴들을 조합해 만든 신의 얼굴은 정치적 성향이나 연령, 인종에 따라 달랐다. 보수주의 성향이 강한 사람이 선택한 신의 얼굴은 자유주의자들이 선택한 신의 얼굴보다 더욱 남성적이고 나이가 들어 보였다. 부유해 보이면서 힘 있는 모습도 특징이었다. 반면 자유주의자들이 고른 얼굴을 조합해 만든 신의 얼굴은 좀 더 유색 인종에 가까웠고, 꽃미남의 모습이었다. 보수주의자들은 사회 질서를 강조하는 엄하고 경직된 얼굴을 골랐고, 자유주의자들은 사회적 관용을 중시하는 개성 있는 얼굴을 선택했다는 이야기이다. 또 나이가 있는 참가자들이 택한 신의 얼굴은 젊은이들이 고른 것보다 나이가 들어 보였다. 흑인들이 꼽은 신의 얼굴은 백인들이 선택한 것에 비해 흑인에 더 가까웠다. 남성·여성 참가자 모두 남성 얼굴을 신의 얼굴로 택했다. 미디어 등 일상 속에서 반복적으로 노출된 신에 대한 모습이 이 같은 결과를 불러왔을 것이다. 연구진은 "본인이 놓인 상황이나 정치적 신념에 따라 같은 그리스도인이라도 서로 신을 다르게 인식한다는 뜻"이라고 설명했다.[16] 그럼, 어떻게 하면 자신의 느낌대로 하느님을 상상하고 만들어 내는 것을 피할 수 있을까?

---

16 THE UNIVERSITY of NORTH CAROLINA at CHAPEL HILL, UNC—Chapel Hill researchers ask Americans: "What does God look like?", June 11, 2018

하느님을 우상으로 만드는 것에서 벗어나고자 한다면, 그리스도인은 예수의 삶과 가르침을 하느님 이해의 중심으로 삼아야 한다. 예수 그리스도가 하느님의 인성과 신성을 보여 주는 진정한 "모상"(로마 8,29 참조)이기 때문이다. "점점 더 많은 사람이 그리스도교 신앙을 거부하는 만큼이나 점점 더 많은 우상을 자신을 위해 만들어 내는 세상에 살고 있기에, 그리스도인은 이를 거부하는 데 기여해야 한다."[17] 더불어 성자 예수 그리스도를 지나치게 중심에 두어 성부 하느님을 배경으로 밀려나게 하는 일을 경계해야 한다. 이는 성부의 종교가 성자의 종교로 대체된다는 프로이트의 견해와 연결된다.

영국의 소설가이자 성공회 신자였던 C. S. 루이스는 아내를 암으로 잃고 고통 중에 있었다. 이 무렵의 그는 하느님을 문을 걸어 잠그는 무자비한 교도관으로, 다음에는 사람을 반으로 잘라 버리는 생체 해부자로, 그다음에는 자신의 피조물의 고통을 보면서 즐거워하는 우주적인 정신 이상자

---

[17] Jacques Ellul, 《*Sources and Trajectories*》, Eerdmans, 1997, 176 재인용.

로 묘사했다. 그러나 시간이 지나면서 자신이 씨름하고 있던 대상이 하느님 자신이 아니라, 자신이 가지고 있었던 '하느님 상像'이었다는 것을 알게 되었다. 이와 같이 온전한 하느님은 우리의 생각과 다를 수 있다.

"나는 실재를 향해 사랑의 팔과 손을 뻗어야만 한다. 내 생각과 열정과 상상의 변화무쌍한 허깨비들을 뚫고서 …… 하느님에 대한 내 생각이 아닌, 하느님을 향해서 말이다. 이러는 동안에도 나는 다시 카드로 집짓기를 하고 있는 것인지도 모른다. 그렇다면 그분은 다시금 건물을 납작하게 부숴 버리실 것이다. 그분은 필요하다면 언제든지 부숴 버리실 것이다."[18]

그러므로 하느님에 대한 어떤 견해가 인간이 만든 것인지 아닌지를 판단하는 기준은 사람이 되신 하느님 자신인 예수 그리스도일 수밖에 없다.[19] 물론 우리가 아무리 노력해도 온전한 하느님을 다 알 수는 없다는 전제를 가지고 말이다.

---

18 C. S. 루이스 지음, 강유나 옮김, 《헤아려 본 슬픔》, 홍성사, 2004, 52~53.
19 로버트 뱅크스 지음, 김은홍 옮김, 《그리스도인을 위한 무신론 사용설명서》, 새물결플러스, 2014, 193.

3) 무신론 시대의 하느님

2007년, '콜카타의 성녀'로 알려진 마더 데레사 성녀에 대한 작은 논란이 있었다. "하느님의 존재를 느끼지 못했다."는 마더 데레사 성녀의 번민을 고백한 비밀 편지가 공개되었기 때문이다. 평화롭고 굳건한 신앙을 지닌 듯 했던 외면과 다르게, 50여 년 동안 하느님 존재에 의문을 품고 고통스러워했다는 사실이 신자와 무신론자 모두에게 큰 충격을 주었다.

공개된 편지 중에는 하느님 존재를 부정하는 듯한 다음과 같은 내용도 있다. "내 영혼에 하느님의 자리가 비어 있습니다. 내 안에 하느님이 없습니다. 나는 하느님을 간절히 원하지만, 그분은 나를 원하지 않습니다. 그분이 여기에 없다는 느낌뿐입니다." 회의론자와 무신론자들에게 마더 데레사 성녀의 고뇌와 갈등은 종교적 믿음이 얼마나 공허한 것인지를 보여 주는 증거와 다르지 않은 것처럼 보였다. 이 때문에 대표적 무신론자인 크리스토퍼 히친스는 "그도 종교가 인간이 만들어 낸 것이라는 사실을 깨달았으며, 그의 계속된 신앙 고백은 자신이 빠진 함정을 더 깊게 파는 역할을 했을 뿐"이라며 비꼬기도 했다.

그러나 가톨릭에서 말하는 '하느님의 부재不在'는 하느님과의 더 깊은 일치를 위한 과정에서 나타나는 현상이다. 흥미롭게도 하느님의 부재는 하느님의 현존을 깊이 체험한 사람이 느끼는 건조함, 어둠, 외로움과 고통 등이다. 곧 마더 데레사 성녀가 하느님 부재로 경험한 '영혼의 어두운 밤'은 하느님을 갈망하는 많은 이들이 경험하는 영적인 과정이었다고 할 수 있다. 혼란스럽고 이해할 수 없는 모호함 속에서 홀로 버려지는 체험은 하느님을 더욱 갈망하며 사랑하는 길로 인도한다. 또한 이런 현상은 언어와 하느님의 이미지, 개념을 초월하는 체험이기도 하다. 문제는 이렇게 인간이 포착할 수 없는 부정적인 방식으로 하느님을 경험한다는 점이다. 인간의 욕심이나 덕의 완전함으로 하느님을 인식하려는 모든 노력이 무력화되어 버리기 때문이다. 하느님 아버지께 사랑받는 아드님 예수도 십자가 위에서 "저의 하느님, 저의 하느님, 어찌하여 저를 버리셨습니까?"(마르 15,34)라고 부르짖었고, 16세기 가르멜 수도자였던 십자가의 요한 성인도

철저하게 죽음의 고통과 하느님의 부재를 체험하며 거절당하고 있다는 고백을 자주 하곤 했다. 그리스도교 영성사를 보면 젬마 성녀, 십자가의 바오로 성인, 아기 예수의 데레사 성녀, 비오 성인 등 위대한 성인들에게서 이런 영혼의 어둔 밤이 발견된다.[20] 다시 말해, 하느님을 순수하게 사랑하는 사람들, 하느님 현존을 충만히 누린 사람들이 하느님 부재를 경험한다. 하느님의 부재 체험은 하느님이 없다는 무신론적인 의미가 아니라, 하느님의 현존을 체험하는 다른 방식이라 할

〈십자가 위의 예수 Christ On The Cross〉, 페테르 파울 루벤스 Peter Paul Rubens, 1628년, 패널에 유채, 로콕스 하우스, 앤트워프, 벨기에.

---

20 Stephen Bullivant, "The truth about Mother Teresa's 'atheism'", Catholic Herald, 2 Sep, 2016.

수 있다. 이처럼, 단순히 신을 느낄 수 없다는 것이 무신론을 의미하지 않는다는 뜻이다. 신은 그렇게 단순한 존재가 아니기 때문이다.

신은 절대적 존재인데, 절대적 존재는 시공을 초월할 뿐 아니라 인간의 인식 능력을 초월한다. 따라서 우리의 한정된 지식으로 다 이해할 수 없고, 말이나 글로도 다 표현할 수 없다. 이렇듯 우리가 절대자에 대해 가지고 있는 앎이나 체험은 불완전하다. 절대자를 '이렇다 저렇다'고 분명하게 정의하는 것도 불가능하다. 절대자에 대한 우리의 표현, 생각, 견해, 이론, 교리 등은 모두 절대적일 수 없기 때문이다. 그러므로 인간이 어느 한 문화권에서 특정한 시기에 형성한 생각을 절대화하는 것은 인간 스스로를 절대자의 자리에 올려놓는 잘못에 빠질 수 있다. 그런 특수한 앎과 체험을 받아들이는 것이 잘못되었다기보다, 그것을 받아들이지 않으면 믿음이 없는 것처럼 여기는 게 잘못이다. 우리가 절대자 하느님과 함께하는 체험을 통해 삶을 완성시키는 것을 신앙의 목표로 삼는 일이 중요하다.

무신론에서 어떤 답을 찾을 수 있을까?

세상에 존재하는 모든 것이 어디에서 왔는지를 묻는 질문에는 두 가지의 답이 존재한다. 스스로 생겨났거나, 그렇지 않거나 둘 중에 하나이다. 지금까지 우주가 어떻게 만들어졌고, 어떤 과정으로 변화하는지에 대한 대표적인 과학 이론은 빅뱅과 진화론이다. 그런데 이들은 '있음有'에서 더 복잡한 '있음有'의 과정을 설명하는 것이지, '왜, 어디서 왔는지'에 대한 의미와 이유를 알려 주지는 않는다. 만약 우주 만물이 스스로 생겨났다면, 어떤 종류의 우주 진화가 일어나야만 한다. 만약 스스로 생겨나지 않았다면, 창조주가 있어야만 한다. 다른 제3의 선택은 없다. 인생을 좌우할 큰 문제 앞에서 어느 쪽이 더 나은 답변을 주는가? 창조주를 믿을 것인가, 신에 대한 믿음을 거부할 것인가?

무신론자들의 출발점은 "신은 없다!"는 믿음이다.

물론 일부 수정론자들은 신에 대한 믿음의 부재라고 얘기하지만 신이 없다는 전제를 가진다면, 일반적인 사실들에 대한 논리적인 해석과 설명은 어떻게 될까? 다음 세 가지로 전개될 것이다. 첫째는 자연주의Naturalism이다. 이는 모든 것이 자연적인 과정으로부터 우연히 나왔다는 믿음이다. 둘째는 인간도 어쩌다 우연히 세상에 태어난 존재로 보는 생각이다. 이에 따르면 인간에게는 살아갈 특정한 목적이나 방향이 있는 것도 아니다. 인간은 우연한 과정들을 통해서 확률적으로 생긴 존재일 뿐이다. 그러므로 우리는 먹이 사슬의 제일 꼭대기에 있다는 것 외에 특별한 것이 없다. 윤리나 도덕 같은 것들은 단지 자연적 발전 과정의 한 부분일 뿐이고, 따라서 어떠한 것도 절대적이지 않다. 셋째는 우리가 경험하는 모든 것들을 궁극적으로 '자가 창조self creation'라 할 수 있는 진화의 결과로 보는 태도이다. 이렇게 보면 우리의 죽음도 별다른 의미를 부여할 필요 없이 우연히 사라지는 일회적인 사건에 불과하다. 그러므로 자살이나 살인 등 현실 세계를 위한 이기적인 행동을 모두 합리화할 수 있다. 절대적인 기준이 존재하지 않기에, 신과 연관된 다른 차원의 영적인 세계를 따로 생각할 필요도 없다.

이와 다르게 그리스도인의 입장은, 인간이 먼지와 별들 안에서 탄생했고 동물 중에서 매우 발전한 종으로서 원숭이처럼 나무에서 내려온 지 얼마 안 되는 위험스런 존재로 보는 면에서 무신론과 같다고 할 수 있다. 그러나 그리스도교의 신을 믿으면, 인간은 하느님 사랑의 손길로 창조되었고 하느님을 닮은 귀한 존재이기에, 자신은 물론 동료 인간과 세상의 다른 존재들도 소중히 여겨야 하는 책임을 지니게 된다. 그리고 언젠가 하느님의 품으로 돌아갈 운명을 타고 났다고 믿는다. 이런 두 가지 선택 앞에서 어느 쪽이 인간에게 더 나을까? 신을 믿는 일이 인간을 정말 해롭게 하는 것일까?

우리 주위에는 다양한 부류의 무신론자들과 무신론이 있다. 모든 무신론자들이 전투적인 그리스도교 혐오자들은 아니다. 충분히 생각할 만한 문제들을 제기하는 무신론자들도 있다. 한 예로 프랑스의 철학자인 앙드레 콩트-슈퐁비 André Comte-Sponville를 들 수 있다.[21] 그는 《무신론의 정신》이란 책에서 그리스도교에 대한 극단적인 혐오를 찾아볼 수 없다고 했다. 무엇보다 그는 무신론자들도 무언가를 믿고 있다

---

[21] 게르하르트 로핑크 지음, 이영덕 옮김, 《오늘날의 무신론은 무엇을 주장하는가?》, 가톨릭대학교출판부, 2012, 187~189.

는 것을 밝힌다. 다양한 색깔의 무신론자들은 하느님이 없다는 사실을, 세상이 아무런 의미가 없다는 것을, 결국엔 그저 무無밖에 없다는 것을 마음으로 믿고 있다는 것이다. 따라서 무신론도 신앙, 곧 하느님이 없다는 것에 대한 확고한 짐작이기에 이를 학문적으로 정립하거나 증명해 낼 수 없다는 것을 인정한다. 더욱 중요한 것은 콩트-슈퐁비가 무신론자들에게도 적절한 윤리가 필요하다고 주장한다. 그는 또한 사랑에 대해, 공동체에 대해, 영성에 대해, 내면의 세계와 침묵, 신비에 대해서도 얘기해야 한다고 말한다.

　이렇게 그리스도인이 마음을 열고 대화할 수 있는 무신론자들이 많이 있다. 그들의 무신론은 그리스도인이 건강할 수 있도록 도와준다. 이를 통해 그리스도인은 자신의 잘못된 관점에서 벗어날 수 있으며, 건전하고 자기 비판적인 무신론과의 만남은 신앙의 길을 올바로 갈 수 있도록 돕는다. 또한 그리스도교 신앙과 근본적인 물음을 던지며 고민하는 무신론 사이에는 공통점이 있다. 그리스도교 신앙은 세상의 우상들을 부정하고 참된 하느님의 모습을 왜곡시키는 잘못된 신관들에 대해 날카로운 비판을 하기 때문이다. 그러므로 초대 교회의 그리스도인들이 이교도 반대자들로부터 '무신론자들'로 규정되었다는 사실을 잊어서는 안 된다. 그러므로 참된 무신론은 신앙을 이해하고, 참된 신앙은 무신론을 이해한다. 신앙인에게 정말 무서운 것은 무신론 자체보다 오히려 무관심, 질문을 던지지 않는 미지근한 태도, 정신적 나태, 고집, 거만함, 위선, 구태의연한 반복 등이 아닐까.

함께 읽으면 좋을 책

오늘날의 무신론은 무엇을 주장하는가?
게르하르트 로핑크 지음, 이영덕 옮김, 가톨릭대학교출판부, 2012.

만들어진 신 vs 스스로 있는 신
니키 검블 지음, 주상지 옮김, 서로사랑, 2009.

그리스도인을 위한 무신론 사용설명서
로버트 뱅크스 지음, 김은홍 옮김, 새물결플러스, 2014.

기독교의 본질
루트비히 포이어바흐 지음, 강대석 옮김, 한길사, 2008.

도킨스의 망상: 만들어진 신이 외면한 진리
알리스터 맥그라스 · 조애나 맥그라스 지음, 전성민 옮김, 살림, 2008.

만들어진 신
리처드 도킨스 지음, 이한음 옮김, 김영사, 2007.

예수는 없다
오강남, 현암사, 2003.

神은 存在하는가
한스 큉 지음, 성염 옮김, 분도출판사, 1994.

헤아려 본 슬픔
C. S. 루이스 지음, 강유나 옮김, 홍성사, 2004.

짜라투스트라는 이렇게 말했다
프리드리히 니체 지음, 사순옥 옮김, 홍신문화사, 2006.

쉬어 가기

《다빈치 코드》의 계보

댄 브라운Daniel Brown의 소설 《다빈치 코드》로 종교계 안팎이 시끄러운 적이 있다. 이 소설은 44개국 언어로 번역되었고, 약 6천만 부 이상이 팔린 베스트셀러이다. 배우 톰 행크스 주연의 영화로도 제작되었으며, 한국에서도 260만 부 이상이 팔렸다.

범죄 스릴러 형식으로 전개되는 《다빈치 코드》에는 '성배Holy Grail'라는 최후의 만찬에서 사용된 잔의 비밀을 간직해 온 '시온 수도회' 이야기가 나온다. 그 배경에는 예수의 제자들이 예루살렘에서 예수의 피를 잔에 담아 유럽으로 가져갔다는 전설이 등장한다. 곧 예수는 '마리아 막달레나'라는 제자와 결혼했을 뿐만 아니라, 그의 후손들이 프랑스로 망명하였으며 메로빙거 왕조에 흡수되었다는 내용이다. 하지만 이 때문에 예수의 신성神性을 지키기 위해 진실을 은폐하려고 교황청이 이단 심문을 통해서 주민들을 학살하였고, 이를 지키려는 시온 수도회, 프리메이슨 등의 비밀 결사 단체가 아직도 어딘가에 성배를 보관하고 있다는 것이다. 여기에 레오나르도 다빈치가 시온 수도회의 일원이었으며, 그는 비밀의 암호를 그림에 숨겼다는 내용 등이 추가된다. 소설에서는 시온 수도회를 역사적으로 실존하는 비밀단체로 1099년 설립되었다고 말한다. 그리고 1975년 파리 국립 도서관에서는 레오나르도 다빈치를 비롯해 아이작 뉴튼, 빅토르 위고 같은 이들을 수도회 명단에서 발견했다고 주장한다. 이처럼 이 책의 주제는 정통 그리스도인의 신앙을 흔들 만한 엄청난 것이었다. 개신교에서는 "신성을 모독하고 기독교 역사를 왜곡하는 것은 물론 교리의 근본을 흔들고 있다."며 영화에 대한 상영 금지 가처분 신청을 법원에 내기도 했다.

이 같은 주장에 대해 가톨릭교회는 시온 수도회가 1099년이 아니라 1956년 피에르 플랑타르에 의해 설립됐으며, 그 문제의 명단은 플랑타르가 1960년대 파리 국립 도서관에 등록한 위조 문서라고 반박했다. 무엇보다 그리스도교계 입장에서 이 책의 가장 큰 문제는 '예수가 결혼해 후손까지 있다'는 부분과 소설이 암묵적으로 주장하는 '예수의 부활에 대한 부정'이다. 아무리 소설이라고는 하지만, 이 주장은 일반 독자는 물론 그리스도인들에게는 커다란 충격을 안겨 줄 만한 것이다. 그리스도교의 핵심 가르침인 예수의 신적 거룩함과 부활을 전면으로 부정하기 때문이다.

예수가 십자가에서 죽은 것이 아니라 마리아 막달레나와 결혼하여 딸을 낳았으며, 그 후손이 현재 살아 있다는 주장은 댄 브라운만의 고유한 주장이 아니다. 1982년에 출판되어 큰 반향을 불러온 《성혈과 성배》도 같은 주장을 제기했기 때문이다. 조금 생소하겠지만 '마리아 막달레나'에 관한 책도 적지 않으며, 관련된 수십 권의 연구서와 소설, 오디오북도 있다. 마리아 막달레나는 4복음서에서 총 13번 언급되는데, 일곱 마귀를 쫓아내 준 예수에게 감사하며 그를 믿고 고향을 떠나 동행한 인물이다. 예수가 십자가형을 받아 죽었을 때 그 곁에 있었던 한 사람이며, 예수가 무덤에 묻히는 모습을 지켜보았고, 부활절 아침 시체에 바를 향료를 가지고 무덤으로 찾아갔던 세 여자들 가운데 한 사람이었다. 또한 예수는 부활한 뒤 처음으로 다른 제자들이 아닌 막달레나에게 모습을 드러내었다. 마태오 복음서는 막달레나가 예수의 부활 소식을 사도들에게 알리기 위해 보내

졌다고 전하는데, 이 때문에 초기 그리스도인들로부터 '사도들 중의 사도'로 불렸다. 이 단편적인 몇 가지 사실이 성경에서 전하는 마리아 막달레나에 관한 전부이다.

이런 부분은 드라마 〈대장금〉과 비슷한 면이 있다. PD와 작가는 《조선왕조실록》에서 "중종의 총애를 받은 천민 출신의 의녀이며, 의술과 요리에 뛰어나 '대大'를 써서 '대장금'으로 불렸다"는 한줄의 언급으로 상상력의 나래를 펼쳐 54부작의 대하드라마를 만들었다. 마찬가지로, 예수를 믿고 따랐던 여인이었기에 마리아 막달레나를 중심으로 수많은 러브 스토리들이 만들어지고 재탄생되었다. 그 대부분은 각 시대마다 공전의 히트를 기록하며 세인의 관심을 끌었다. 이런 내용은 그리스도교에서 정식 성경正經으로 인정하는 경전이 아니라 신앙을 기준으로 받아들이기 어려운 외경外經, 곧 그 시대에 있었던 이른바 가짜 뉴스에 기초한 주관적인 기록들이었다. 예를 들어, 지난 1945년 이집트 남부 사막 지대의 나그함마디Nag Hammadi의 한 동굴에서 초기 그리스도교와 관련된 많은 문서가 발견되었다. 이 문서들은 모두 이집트어인 콥트어로 쓰여 있는데, 대표적인 것은 예수의 어록만을 담고 있는 영지주의 복음서인 《토마스 복음서》를 비롯하여 영지주의의 우주론과 세계관을 보여 주는 《요한의 비밀 가르침》 등이다.

지금 우리에게도 동서양의 다양한 정신문화와 물질을 우선하는 세속적 사고가 혼재되어 있듯, 그리스도교가 태동하던 기원후 1세기부터 3세기에도 신흥 종교인 그리스도교에 영향을 주는 여러 사상이 있었다. 그 중 제일 큰 것이 영지주의(靈知主義, Gnosticism)였다. 영지주의는 깊은 영적 깨달음을 얻은 소수의 사람만 구원에 이르며, 물질세계를 구원의 장애물로 여기는 고상한 이분법을 가지고 있었다. 믿는 이는 누구나 구원하러 이 세상에 온 예수를 가르치는 정통 그리스도교에서 한참 벗어나 있었던 것이다. 그럼에도 매력적으로 보이는 영지주의를 바탕으로 예수에 대한 가짜 뉴스들이 계속 생산되었다. 1976년 이집트의 한 골동품 시장에서 발견된 《유다 복음서》에서는 예수와 유다 이스카리옷의 관계를 정경의 복음서 내용과 매우 다르게 묘사하고 있다. 예수의 배신자로 알려진 유다의 입장에서 기록된 이 문서는 유다의 배반이 없었다면, 인간 구원을 이루려는 하느님의 계획도 완성되지 않았을 것이라는 등 유다의 배반을 합리화하는 주장을 담고 있기 때문이다. 곧 예수의 요구로 유다가 배반한 것이라는 입장으로 쓰인 이 문서는 주류의 성경 해석과는 맞지 않는 내용이다.

초기 그리스도교에서 인정받지 못했던 《유다 복음서》와 같은 가짜 뉴스들이 시간이 지나면서 주기적으로 등장하고 진화하면서 《다빈치 코드》처럼 발전해 왔다. 역사 추리 소설 《다빈치 코드》와 마찬가지로 레오나르도 다빈치의 걸작 〈최후의 만찬〉을 모티브로 삼았지만, 설정이 전혀 다른 소설도 있다. 스페인 작가 하베에르 시에라가 쓴 《비밀의 만찬》이다. 이 소설은 〈최후의 만찬〉에서 유다가 아니라 베드로가 배신자라는 메시지를 담고 있다. 또한 다빈치가 그림 속에 자기의 얼굴을 그려 넣은 이단자였다는 주장을 펼치며, 그를 가톨릭에 의해 이단 선고를 받았던 '카타리파' 신자로 그렸다.

작가는 이런 한 편의 소설을 쓰기 위해 엄청나게 축적된 자료를 동원한다. 그러나 그 배경을 모르는 사람들은 그게 마치 사실인 것처럼 빠져든다. 그리스도인이 아닌 사람들은 통쾌해

하면서 무신론을 다시 확신하게 되고, 그리스도인들은 충격에 빠지는 주제이다. 그러므로 흥행이 보장되어 있는 셈이다. 예수를 다루는 진지한 다큐멘터리는 일부의 신자들만 본다. 하지만 예수를 비판하거나 치부를 만들어 내게 되면 많은 사람의 관심과 그로 인한 이익도 얻을 수 있게 된다. 이렇게 인간의 호기심을 자극하면서 상업적으로도 성공하기 쉬운 예수와 그리스도교와 연관되는 저작물들은 앞으로도 교묘하게 모양을 바꾸면서 계속 진화할 것이 분명하다. 캠브리지 대학교의 중세 신학자이자 역사학자인 길리언 에번스Gillian Evans 교수는 "그런 작품들은 좋은 읽을거리이지만, 실제 역사와 혼동해서는 안 된다."고 말했다.[22] 그리스도인은 작가들의 풍부한 상상력을 존중해야 하지만, 창작물과 역사적 사실을 구별할 줄 아는 건전하고 상식적인 최소한의 지식을 가지고 있어야 한다는 뜻이다.

---

22 Roya Nikkhah, "Novel claims painter portrayed founder of Church as a traitor", The Telegraph. 05 Feb 2006.

2장

하느님이 계시다면
왜 악이 있을까?

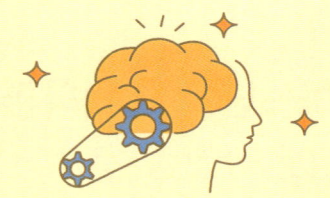

몇 년 전, 경상도 포항 지역에서 규모 5.4의 지진이 일어났던 적이 있다. 그로 인해 주변의 한 대학이 큰 피해를 입었다. 이때, 카카오톡 메신저를 통해 '지진을 통한 하나님의 경고'라는 유언비어가 유포되었다. 유포자는 이 대학이 동성애 옹호 목회자를 강사로 초청하여 세미나를 열려고 했기에 받은 징벌이라고 주장했다. 좀 황당한 주장인 것 같지만, 이와 비슷한 일이 한두 번 있었던 것은 아니다. 2004년, 인도네시아에서 쓰나미로 23만 명이 사망했다. 이때도 "성탄절인데도 휴양지에 놀러 갔기 때문에 하나님이 심판하셨다."고 설교하는 이들이 있었다. 2005년에는 허리케인 카트리나가 뉴올리언스를 강타해 1,400여 명의 인명을 앗아 갔고, 2010년에는 아이티를 강타한 지진으로 20만 명이 넘는 생명이 희생을 당했다. 이때도 "아이티

희생자들은 오래 전 악마와 맺은 계약 때문에 하나님의 저주와 심판을 받았다."고 말했다.

일본을 강타한 지진과 쓰나미, 발전소의 핵 재앙이 있을 때, "일본인들이 하나님을 멀리하고 우상 숭배, 무신론, 물질주의 경향이 있기 때문에 경고를 받았다."는 주장도 있었다. 수시로 발생하는 지진을 비롯한 자연재해들은 신이 우상 숭배와 무신론 그리고 물질주의를 숭상하는 사람들에게 내린 '심판'이라고 보는 것이 '과연 옳은 해석일까?'라는 의문과 함께, '신은 과연 어떤 존재일까?'라는 질문을 던지게 된다.

이처럼 세상에 만연한 악[23]에 대해 자유로운 사람이나 종교가 있을까? 그래서인지 세상의 모든 종교도 큰 비중을 가지고 악과 고통에 대해 설명하려 한다. 불교는 고통으로부터 해탈을 추구하고, 그리스도교는 고통에 특별한 의미를 부여한다. 악과 고통의 문제에 대해 신이 없다는 쪽이면 대

---

23 악(惡, Evil)은 선(善, Good)의 상대적 개념으로, 절대적인 무엇으로 규정하는 것은 쉽지 않다. 또한 악은 문맥에 따라 고통(苦痛, pain과 suffering)과도 혼용해서 쓰기도 한다.

답은 간단하다. 그러나 신이 있다는 쪽이라면 대답은 복잡해지는데, 크게는 이원론적 입장과 일원론적 입장으로 나뉜다. 선과 악을 동등하게 바라보는 이원론적 입장은 선한 신과 악한 신이 우주를 놓고 싸우는 과정에서 악한 일이 생긴다고 말한다. 예를 들면, 거울처럼 빛의 신과 어둠의 신이라는 양면을 가진 신 때문에 선과 악이 만들어진다는 조로아스터교가 대표적이다. 반면 선과 악이라는 두 측면은 단일한 신이 가진 두 가지 모습이라는 일원론적 입장이 있다. 유다교, 그리스도교, 이슬람교가 대표적이다. 이런 팽팽한 해석이 존재한다는 것은 그만큼 확실히 알 수 없다는 반증이 아닐까 한다.

제2차 세계 대전 때 아우슈비츠에서 벌어진 끔찍한 홀로코스트 외에도 언제든지 신의 존재를 의심케 하는 일들을 일상에서 마주한다. 이 세상에 만연한 악과 고통의 존재는 유일신에 대한 믿음을 가진 사람들에게 훨씬 더 심각한 도전을 제기한다. 신이 모든 것을 안다면, 모든 끔찍한 일들에 대해서도 모를 리가 없을 것이다. 신이 모든 능력을 가진다면, 고통과 악에 대해 무기력할 수 없을 것이다. 더욱이 신

1945년. 아우슈비츠 수용소의 생존자 아이들.
© United States Holocaust Memorial Museum, courtesy of Belarussian State Archive of Documentary Film and Photography

이 선한 존재라면, 악한 일들이 벌어지는 현실에 침묵하지 않을 것이다. 이를 반영하듯 미국의 어느 여론 조사 기관에서, 신에게 한 가지 질문만 할 수 있다면 무엇을 묻고 싶은지에 대한 조사를 한 적이 있다. 약 20%의 사람들이 악과 고통이 왜 세상에 있는지를 물었다고 한다. 전지全知하고 전능全能하고 전선全善한 신이 있다면, 왜 우리가 고통을 겪으며 힘들게 살아야 하는가?

고대로부터 등장한 악의 존재와 신의 부재를 증명하는 철학자들의 논증은 지금도 명쾌히 풀 수 없는 문제로 던져져 있다. 3세기의 신학자인 락탄시우스Lactantius는 《하느님의 분노On the Wrath of God》에서 기원전 4세기 철학자인 에피쿠로스Epicouros의 논증을 소개한다. 실제로 에피쿠로스에게서 나온 것인지를 확인할 수 없지만, 정리하면 다음과 같다.[24]

- 신은 악을 극복하고 싶어 하는데 그럴 능력이 없다면, 신이 약하다는 뜻이 되는데 이것은 신답지 않은 일이다.
- 신이 능력은 있는데 악을 극복하길 원하지 않는다면, 신이 악의적이라는 뜻인데 이것도 신과 거리가 먼 일이다.
- 신이 악을 극복하길 원하지도 않고 할 능력도 없다면, 신은 약할 뿐더러 악의적이기까지 하다. 따라서 신이 아니다.
- 신이 합당하게 악을 극복하길 원하며 할 수도 있다면, 그렇다면 악은 어디에서 오며, 신은 왜 그것을 없애지 않을까?

전지하고 전능하고 전선한 신이 존재한다면, 악은 존재하지 않을 것이나, 세상에는 악과 고통이 있다. 그러므로 전지하고 전능하고 전선한 신은 존재하지 않는다는 것이다. 이 논증은 현대에 확대되어 재생산되고 있지만, 결국 그리스도

---

[24] Mark Joseph Larrimore, (2001), The Problem of Evil, pp.xix–xxi.

교가 말하는 신과 현실의 악이 동시에 존재하는 것은 논리적인 모순이라는 주장이다. 이 논증 앞에서 그리스도교는 무기력하게만 보일 뿐이다. 물론 다양한 배경을 가진 철학자들이 이 논증에 대한 비판을 했지만 명쾌한 답을 제시하진 못했다. 그리스도교가 말하는 신이 존재한다면, 도대체 악은 어디서 오는 것일까? 악은 신의 창조물일까? 아니면 신과 대등한 존재일까? 또는 악은 신의 창조물이 아닌 허상에 불과할까? 악이 무엇인지 좀 더 다가가기 위해, 과연 어떤 악이 있는지 그리스도교 입장에서 살펴보려 한다.

1) 악이란 무엇인가?

성경을 보면 악은 네 가지로 분류할 수 있다. 첫째, 개인의 잘못에서 나온 악. 둘째, 개인의 잘못과 상관없는 악. 셋째, 구조적인 사회악. 넷째, 대속적代贖的인 악이 그것이다.

첫째, 개인의 잘못에서 나오는 악은 윤리적인 차원이라고 할 수 있다. 인간 스스로의 뜻으로 행하는 악행들로써 비인간적 행위부터 시작해서 폭력, 전쟁, 살인, 자살 등이다.

5·18 민주화운동 때 벌어졌던 만행들, 미얀마의 소수 민족 로힝야족 학살, 성폭력 등등 일일이 열거할 수 없을 정도로 악행들이 현실에서 벌어지고 있다.

창세기에도 아담과 하와가 뱀의 유혹에 빠져 선악과를 따먹는다. 하느님은 뱀에게 "네가 이런 일을 저질렀으니 …… 저주를 받아 …… 먼지를 먹으리라."(창세 3,14)고 말씀하신다. 조상들의 행위를 포함하여 인간이 선한 일을 하면 상을 받고, 죄를 지으면 고통을 당한다는 상선 벌악賞善罰惡 내지는 인과응보因果應報 사상이 다른 종교들에서처럼 성경에서도 오랜 전통으로 자리함을 볼 수 있다.

〈아담과 이브Adam and Eve〉, 페테르 파울 루벤스 Peter Paul Rubens, 1628년~1629년, 캔버스에 유채, 프라도 미술관, 마드리드, 스페인.

둘째, 개인의 잘못과 상관없는 악이 있는데, 자연재해를 포함하는 사고와 재앙을 말한다. 태풍, 호우, 지진, 쓰나미, 해일 등으로 생명을 잃는 사람들에게 이보다 큰 고통은 없을 것이다. 그러나 자연재해 자체는 살아 있는 자연이 생성되고 변화하며 소멸해 가는 자연스러운 현상이다. 인간이 삶에서 겪는 수많은 형태의 슬픔과 죽음들, 질병과 치매, 불치병, 교통사고 같은 것은 사람의 잘못에서 오는 것도 있으나 꼭 그런 것만은 아니다.

성경의 인물 중에서 의인으로 알려진 '욥'이 당한 엄청난 고통이 대표적인 예일 것이다. 하느님 보시기에도 욥은 흠이 없는 사람이었다. 이런 완벽한 욥에게 하느님은 아름다운 아내와 많은 재산을 선물하신다. 여기까진 상선벌악에 해당된다고 할 수 있다. 그러나 욥의 집안이 풍비박산 나기 시작한다. 자식들이 죽고 그 많던 재산도 사라져 버린다. 욥의 아내마저도 하느님을 욕하며 죽으라고 다그친다. 변치 않는 믿음을 가졌던 욥도 마침내 불평하고 분노한다. 심지어 자신이 태어난 날까지 저주한다.

우리가 성경의 욥기를 읽으며 알 수 있는 사실은 욥을 시험하기 위해 하느님이 허락하신 고통이 있다는 것과, 부귀

www.catholicbookplus.kr

신앙의
깊이를 더하다

가톨릭북 플러스

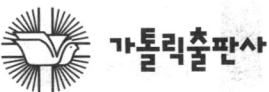
가톨릭출판사

2025 희년 추천 도서

희망으로 가득한 2025 희년을 보내는 방법

2025 희년을 선포하는
프란치스코 교황님의 칙서,
희년에 대한 자세한 안내 및 일정,
전대사 수록!

2025 희년 여정 노트
가톨릭출판사 편집부 엮음 | 6,000원

희망

프란치스코 교황이 초대하는 이달의 묵상 : 희망
프란치스코 교황 지음 | 8,800원

프란치스코 교황과 함께하는 희망의 기도
프란치스코 교황·에르난 레예스 알카이데 지음 | 18,000원

순례

이름 없는 순례자
최익철, 강태용 옮김 | 18,000원

길에서 길을 찾다
문재상 신부 지음 | 16,000원

기도

기도의 체험
안토니 블룸 지음 | 14,000원

주님과 함께하는 10일의 밤
일리아 델리오 지음 | 16,000원

화해

화해를 원해
안셀름 그륀 지음 | 18,000원

프란치스코 교황과 함께 준비하는 고해성사
교황청 내사원 지음 | 10,000원

예비신자 · 새신자 추천 도서

YOUCAT 프렌즈	YOUCAT 재단
YOUCAT 성경	YOUCAT 재단
YOUCAT 가톨릭 청년 교리서	오스트리아 주교회의
YOUCAT 고해성사	클라우스 디크 외
YOUCAT 견진	베른하르트 모이저, 닐스 바에르
DOCAT 가톨릭 사회 교리서	YOUCAT 재단
주요 기도문 풀이	박도식
무엇 하는 사람들인가	박도식
예비 신자 궁금증 105가지	줄리아 크노프
성경 순례	허영엽
성경 속 궁금증	허영엽
성경 속 상징	허영엽

기도서

하루를 위한 기도	가톨릭출판사 편집부
십자가의 길	가톨릭출판사 편집부
성모님과 함께하는 묵주의 9일 기도	가톨릭출판사 편집부
가시를 빼내시는 성모님	베르나르 마리
프란치스코 교황과 함께 준비하는 고해성사	프란치스코 교황
프란치스코 교황과 함께 드리는 첫 묵주 기도	프란치스코 교황
프란치스코 교황과 함께 걷는 십자가의 길	프란치스코 교황

문학으로 만나는 가톨릭

알렉산드리아의 사자	장필리프 파브르
나의 믿음	헤르만 헤세
나의 예수	엔도 슈사쿠
프랑수아 모리아크의 예수	프랑수아 모리아크
님 · 밤	최민순
예수의 생애	엔도 슈사쿠
마리아의 비밀	산티아고 마르틴

가톨릭 성물 브랜드
프리에르

가톨릭출판사에서 선보이는 '프리에르'는 '기도'를 뜻하는 프랑스어로 정성을 다하여 기도를 바치고자 하는 신자들에게 품격 있는 성물을 선사합니다.

일상 속에서 신앙을 기억하고 끊임없이 기도함으로써 주님과 가까워질 수 있도록 프리에르가 함께 하겠습니다.

항상 기도하십시오
+ Priez Toujours

기쁨과 위안을 주는
미니 성상 컬렉션

귀여운 모습에 바라만 보아도 미소가 지어지는 사랑스러운 미니 성상으로 나와 주변의 소중한 이들과 함께 신앙의 기쁨을 나눠보세요.

PRIÈRE

가톨릭출판사 직영점
명동 대 성 당 02)776-3601 | 가톨릭회관 02)777-2521
1898+(명동) 02)777-1886 | 절두산순교성지 02)3141-1886
서울성모병원 02)534-1886 | 춘천점 033)255-1886

www.CatholicBookPlus.kr   coupang ⓘ catholic_priere 문의 02)6365-1869

기도와 묵상으로 피어나는 신앙

영어 성경 필사 노트 시리즈
가톨릭출판사 편집부 엮음

영어 공부와 성경 묵상이 동시에 가능한 필사 노트

마태오 복음서 I, II
30,000원

요한 복음서
20,000원

마르코 복음서
18,000원

필사 노트 시리즈
가톨릭출판사 편집부 엮음

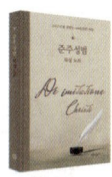
준주성범 묵상 노트
14,000원

신심 생활 입문 묵상 노트
15,000원

시편과 아가 쓰기 노트
14,000원

오늘 감사 노트
11,000원

오늘 기도 노트
11,000원

자녀 축복 노트
은총편·행복편
각 12,000원

신간 도서

희망 - 프란치스코 교황 자서전
프란치스코 교황 지음 | 출간 예정

희년을 기념하는 희망의 메시지를 담은 프란치스코 교황 최초의 자서전

성녀의 작은 길
성녀 소화 데레사 지음 | 14,000원

소화 데레사 성녀의 말씀 속에서 걷는 신앙 여정

하루를 위한 기도
가톨릭출판사 편집부 엮음 | 대 2,500원 소 2,000원

매일 주님을 만나는 내 손안의 작은 기도서

침묵 그리고 은총의 빛
에디트 슈타인 지음 | 13,000원

에디트 슈타인 성녀의 삶과 글, 영성이 담긴 묵상집

가톨릭 고전과 함께하는 365 말씀 묵상 달력
가톨릭출판사 편집부 엮음 | 16,000원

가톨릭 고전 도서를 하루에 하나씩 만날 수 있는 만년 달력

홍성남 신부와 함께하는 마음일기
홍성남 지음 | 12,000원

60일 감정 코칭을 따라 삶과 마음을 건강하게 만드는 시간

가톨릭 신학 시리즈

교부학 입문	이상규
삼위일체론	루카스 마테오 세코
그들은 아우구스티누스에 대해 무엇을 말하는가	조셉 켈리
교부들의 그리스도론	알로이스 그릴마이어
그리스도론	올레가리오 곤잘레스
신학, 하느님과 이성 2023 세종도서	미하엘 제발트
그리스도교 신학의 역사 2023 세종도서	윤주현
말씀과 숨	이브 콩가르
자유의 말씀	피에트로 보바티
교회론	호세 안토니오 사에스
교부들의 신앙	제임스 C. 기본스
그리스도교 철학 주체성의 발견	테오 코부쉬

가톨릭클래식

준주성범	토마스 아 켐피스
성녀 소화 데레사 자서전	성녀 소화 데레사
신심 생활 입문	프란치스코 살레시오 성인
단테의 신곡 (상)	단테 알리기에리
단테의 신곡 (하)	단테 알리기에리
이름 없는 순례자	최익철, 강태용 (옮김)

말씀과 함께하는 일상

가톨릭 고전과 함께하는 365 말씀 묵상 달력	가톨릭출판사 편집부
용기를 가지고 앞으로! 프란치스코 교황과 함께하는 365일	프란치스코 교황
"고맙습니다. 서로 사랑하세요." 김수환 추기경 말씀 달력	김수환
모든 순간이 다 꽃으로 필 거예요 이해인 수녀 말씀 달력	이해인
하루를 시작하는 한 줄 가톨릭 YOUCAT 교리 달력	YOUCAT 재단

기도·영성

성시간을 위한 기도서	이재현
기도의 체험	안토니 블룸
로마노 과르디니의 주님의 기도	로마노 과르디니
살아 있는 기도	안토니 블룸
마음을 열고 가슴을 열고	토마스 키팅
사람에게 비는 하느님	루이 에블리
쉼, 주님을 만나는 시간	카를로 마리아 마르티니
성체 조배	알폰소 리구오리 성인
화해를 원해	안셀름 그륀
철학자, 믿음의 여인을 묵상하다	베른하르트 벨테
주님과 함께하는 10일의 밤	일리아 델리오
네 번째 잔의 비밀	스콧 한
사랑의 계시 2023 세종도서	노리치의 율리아나
위안이 된다는 것	안셀름 그륀
모든 일에는 때가 있다	조앤 치티스터
오리게네스에게 영성을 묻다	윤주현
내 마음의 주치의	안셀름 그륀
하느님의 현존 연습	콩라드 메스테르
혼자서 마음을 치유하는 법	홍성남
365일의 잠언	성 프란치스코 살레시오
지친 하루의 깨달음	안셀름 그륀
영성, 하느님을 바라보다	윤주현
가시 속의 장미	성 프란치스코 살레시오
프란치스코 교황이 초대하는 이달의 묵상(전 12권)	프란치스코 교황
그래도 희망	프란치스코 교황
기쁨이 가득한 매일 성모님 묵상	찰스 G. 페렌바흐
믿음이 깊어지는 매일 시편 묵상	앤서니 치카르디 몬시뇰
성심의 메시지	이재현

20세기 신학자 시리즈

HANS URS VON BALTHASAR

세계의 심장
한스 우르스 폰 발타사르 지음 | 24,000원

신의 뜨거운 마음을 이해하기 위한 인간의 고찰

발타사르, 죽음의 신비를 묵상하다
한스 우르스 폰 발타사르 지음 | 13,000원

현대 신학의 거장 발타사르의 시선으로 탐구한 죽음의 신비

발타사르, 예수를 읽다
한스 우르스 폰 발타사르 지음 | 16,000원

지식의 차원을 넘어 예수님과 더 깊이 만나는 길

남겨진 단 하나, 사랑
한스 우르스 폰 발타사르 지음 | 20,000원

발타사르의 신학적 미학을 통해 만나는 하느님의 사랑

아드리엔 폰 슈파이어와의 첫 만남
한스 우르스 폰 발타사르 지음 | 30,000원

20세기를 대표하는 위대한 신학자와 신비가의 만남

ADRIENNE VON SPEYR

예수의 최후 기도
아드리엔 폰 슈파이어 지음 | 13,000원

예수님의 십자가 말씀을 통해 재발견한 칠성사

기도의 세계
아드리엔 폰 슈파이어 지음 | 35,000원

슈파이어의 기도에 대한 신학적 탐구서

---

www.catholicbookplus.kr

가톨릭을 사랑하고 더 알고자 하는 사람들이 모여
신앙의 깊이를 더할 수 있도록 안내하는
웹진 · 커뮤니티 · 쇼핑몰로 구성된 디지털 플랫폼

웹진
신학, 철학, 교회사, 성경, 영성, 교리, 예술 등 다채로운 주제를 다루며 다양하고 깊이 있는 신앙 콘텐츠를 제공하는 온라인 매거진

커뮤니티
신자들이 모여 가톨릭 문화를 향유하고 소통하며 신앙을 나눌 수 있는 공간

쇼핑몰
신앙생활을 더욱 빛나게 해 줄 다양한 영적 서적과 성물을 만날 수 있는 사이트

영화와 선악 사이에는 완벽한 인과 관계가 없다는 것이다. 부귀영화를 누리거나, 고통을 받는 것 또한 자업자득의 문제로만 볼 수 없다는 뜻이다. 무슨 잘못을 해서 반드시 고통을 당하고 불행하게 사는 게 아니다. 그럼에도 악과 고통은 때론 명쾌하게 설명되지 않거나, 이해하기 어려운 신비의 차원으로 우리 일상에 존재한다.

셋째, 앞의 두 악은 개인적 차원이지만, 이를 넘는 공동체 차원의 악이 존재한다. 이는 곧 사회적 관점에서 개인이 겪는 대부분의 악인 경제적 가난을 불평등한 자본주의 구조에서 만들어진 결과로 이해한다. 이러한 입장에서 개인의 고통은 구조적 악의 부산물이기에 우리에게 불평등한 사회 구조의 변혁을 통한 극복이 요청된다고 할 수 있다. 제2차 세계 대전 이후에 특히 서구의 신학에서 악을 개인적 차원을 넘어 사회적 의미로 확대시키는 경향이 나타나면서 이런 해석이 등장했다. 산업 혁명 이후에 부를 독점하는 소수와 가난한 다수가 존재하는 자본주의의 폐해가 세계적인 현상으로 자리하고 있기 때문이다.

그러나 사도행전에는 초기 그리스도인들의 경제생활을

알 수 있게 하는 구절이 있다. "신자들은 모두 함께 지내며 모든 것을 공동으로 소유하였다. 그리고 재산과 재물을 팔아 모든 사람에게 저마다 필요한 대로 나누어 주곤 하였다."
(사도 2,44-45)

여기에는 가난해도 이웃과 나누며 더불어 살아가는 초기 그리스도교 공동체의 모습이 나타난다. 이는 하느님 나라에 가장 가깝다고 볼 수 있으며, 바로 하느님이 원하시는 공동체의 모습인 것이다.

신자유주의 경제 체제는 인간에게 풍요로움도 가져다 주었다. 그러나 상대적 빈곤과 불평등의 문제를 일으키며 무한 경쟁을 추구하기도 하였다. 여기에는 우리 모두가 극복해 나가야 할 구조적 악의 모습이 있다. 또한 많은 경우 세상의 악은 우리가 막을 수 있음에도 불구하고 그대로 발생하고 있다. 인간이 겪는 많은 고통과 자연재해를 우리가 연대해서 막는다면 발생하지 않을 수도 있으며, 사람의 목숨을 앗아 가지 않을 것도 있다. 세상 곳곳에서 일어나는 기아로 인한 재앙, 박해를 견디지 못해 고향에서 쫓겨나는 난민들, 계속되는 고통을 유발하는 전쟁, 제3세계 사람들이 겪는 전염병들을 생각하면 이는 얼마든지 가능한 일이다. 대형 제약회사들은 전염병을 앓는 가난한 이들의 고통을 해결하기보다는 이익만을 추구하곤 한다. 독재자와 그를 추종하는 이들이 생명을 무시하고 자신의 정권 유지만을 위해 난민들의 희생을 방관하는 모습도 지금 지구 곳곳에서 벌어지는 일이다.

넷째, 고통을 겪음으로써 다른 사람이 혜택을 받게 한다는 그리스도교만의 독특한 대속적인 악(고통)이 있다. 인간이 겪는 고통에는 조상이나 누구의 잘못으로 발생하는 것이 아니고 단련을 위한 것도 아닌, 이타적 측면이 있다는 것이다. 이사야서에는 고통받는 '야훼의 종'이 등장하는데, 그 종은 무슨 죄를 지어서도 아니고 단련을 받기 위해서도 아닌, 바로 우리의 죄 때문에 고통을 받는다.

"사람들에게 멸시받고 배척당한 그는 고통의 사람, 병고에 익숙한 이였다. 남들이 그를 보고 얼굴을 가릴 만큼 그는 멸시만 받았으며 우리도 그를 대수롭지 않게 여겼다. 그렇지만 그는 우리의 병고를 메고 갔으며 우리의 고통을 짊어졌다. 그런데 우리는 그를 벌받은 자, 하느님께 매맞은 자,

천대받은 자로 여겼다. 그러나 그가 찔린 것은 우리의 악행 때문이고 그가 으스러진 것은 우리의 죄악 때문이다. 우리의 평화를 위하여 그가 징벌을 받았고 그의 상처로 우리는 나았다."(이사 53,3-5)

이렇게 고통받는 '야훼의 종'으로 우리는 고통에 대한 새로운 의미를 알게 된다. 곧 다른 이들의 선을 위한 고통이 존재한다는 것이다. 이 대속적인 고통의 절정에 예수 그리스도가 자리한다. 아무런 죄도 없으면서 이웃을 위해 고난을 받아들이고 십자가의 죽음까지 받아들였기 때문이다. 이는 신학자 몰트만의 해석처럼 하느님이 아들 예수와 함께 십자가 위에서 고통을 당하셨고, 지금도 고통당하는 이들 가운데서 '함께 고통을 당하실 수 있음'을 내포한다. 당신의 전능을 숨기고 사랑의 연약함 안에서 인간과 함께 고통을 당하는 연민의 하느님은 우리가 그 사랑을 깨닫고 이웃의 고통을 함께 나누며, 인간 세상을 변화시켜 나가기를 기다리실 것이다.

갑작스레 일어난 자연재해와 사고로 인한 피해는 인간 개개인의 잘못과는 상관이 없는 악이다.

그러나 생태계 파괴로 일어나고 있는 여러 자연재해는 인간이 스스로 자초한 일이다. 또한 불평등한 경제 구조로 인한 가난과 빈곤 등은 인간이 만든 구조적인 악의 영향이기도 하다. 이런 것은 함께 해결해 나가야 할 숙제이다.

이런 면에서 세상에서 겪는 고통의 책임을 하느님께로만 돌릴 수 없는 경우가 얼마든지 있다. 우리 인간이 스스로 고통을 만들거나 더한 것이 많기 때문이다. 그럼에도 불구하고 이해하기 어려운 신비 차원의 고통이 존재하고, 자신의 깊은 내면으로 들어가는 통로로 고통이 주어지며 이웃을 위해 받아들이는 고통도 있다. 이것이 그리스도교 십자가의 가르침이다.

2) 그리스도교가 보는 악

a. 그리스도교는 악을 어떻게 보는가?

창세기 3장의 에덴 동산에서 벌어지는 '인간의 죄와 벌' 이야기는 악의 기원을 말해 주는 대표적인 장면이다. 에덴 동산 이야기에서 늘 나오는 질문은, '왜 하느님은 선과 악을 알게 하는 나무를 만들어 사람이 죄를 짓게 했을까?'이다. 이 질문에는 여기서 악을 나오게 한 것이 너무 한 거 아니냐는 하느님께 대한 원망이 짙게 배어 있다.

성경은 하나의 문서가 아니라, 여러 문서가 합쳐져 편집된 책이라고 할 수 있다. 그중에 창세기 2장 4b-3장 24절을 구성하는 야휘스트계 문헌⑴은 '죄와 구원'이라는 주제로 쓰였다. 이 문헌은 생명과 삶의 기원에 대한 문제를 제기하면서 금지된 선악과를 먹은 것이 하느님과의 관계 단절을 의미한다고 가르친다. 이는 역사적 사실이 아니라, 우리가 살아가는 세상에서 이해가 안 되는 부분을 쉽게 설명하기 위해 만든 이야기로 '원인론적 설화'라고 한다. 예를 들어, 남자는 왜 목젖이 나왔고, 여자는 왜 가슴이 나왔느냐는 의문을 들 수 있다. 지금처럼 과학과 의학이 발전되지 않았을 때는 온갖 지혜를 발휘하여, '여자는 선악과를 두 개 다 먹어서 가슴이 나왔지만 남자는 선악과를 먹다가 하느님의 말씀이 생각나서 목에 걸렸기 때문에 목젖이 생겨났다.'는 식으로 이야기를 만드는 것이다. 마찬가지로 오래 전 이스라엘 사람들은 악과 고통이 어디서 어떻게 왔는지 궁금해했다. 그래서 이에 대한 대답이 에덴 동산과 죄와 벌 이야기를 통해 탄생되었다.

에덴 동산 이야기는 인간이 노동을 하면서 살아가게 되어 있고, 여자들은 해산의 고통을 겪어야 하며, 수시로 악과 고통에 마주하며 언젠가는 죽음을 맞이해야 하는 인간의 운명에서 "왜"라는 질문과 그 대답이다. 물론 이 이야기는 이 신비를 충분히 밝히지 못한다고 할 수 있다. 다만 악은 하느님이 직접 주시는 것이 아니라는 고백이 들어가 있다. 곧 창세기 저자는 세상의 악과 고통, 인간의 죽음은 죄 때문이고, 죄는 인간이 하느님의 피조물임을 망각하고 그분과 대등한 존재가 되려 하는 것이라 말한다. 그러면서 인간이 죄를 짓도록 부추긴 제3의 존재를 상정한다.

이에 대해 바트 어만Bart D. Ehrman이《성경 왜곡의 역사》에서 한 말은 많은 사람들에게 회자되며 공감을 불러일으킨다.

"나는 더 이상 종교적인 주장들과 삶의 현실들을 조화시킬 수 없다는 사실을 깨달았다. 특히 세계의 상황을 볼 때 선하고 전능한 신이 존재하는지, 그분이 이런 세상에 적극적으로 관여하고 있는지 더 이상 설명할 수가 없었다. 이 세상을 살아가는 수많은 사람에게 인생은 고통과 괴로움으로 점철되어 있다. 나는 선하고 친절하게 행동하기 원하는 신이 있고, 그가 이 세상을 책임진다는 사실을 순순히 믿을 수 없는 지경에 이르렀다. …… 당신은 신이 사랑과 능력이 많다고 주장한다. 그렇다면 어머니를 위해 꽃 몇 송이를 손에 들고 집으로 걸어가던 어린 소녀가 음주 운전자의 차에 치여 즉사했고, 신이 그것을 가로막지 않은 것에 대해 당신은 설명해야 한다."[25]

이런 실존적인 질문에 대해 그리스도교는 어떤 설명을 해왔는가? 악에 대해 그리스도교에서 제시하는 첫 번째 대답은 악은 '악마'에게서 생긴다는 것이다. 악을 어떤 객관적인 실체로 보는 것이다. 《가톨릭 교회 교리서》는 성경과 성전聖傳, 교회의 교도권의 가르침에 기초하여, 타락한 천사인 악마[26]의 존재를 분명하게 단언한다.[27] 하느님의 영만 존재하는 것

---

[25] 바트 어만 지음, 민경식 옮김, 《성경 왜곡의 역사》, 청림출판사, 2006, 304~305.
[26] 디아블로스diablos 곧, 분열시키는 자 또는 '사탄' 곧, 고발자를 뜻함.
[27] 프란치스코 교황 지음, 디에고 마네티 엮음, 안소근 옮김, 《악마는 존재한다》, 가톨릭출판사, 2019.

이 아니라, 다양한 영들이 존재하는 것을 구약 성경에서부터 명시적으로 알려 주기 때문이다.

"그의 오른쪽에는 사탄이 그를 고발하려고 서 있었다."(즈카 3,1), "사탄이 이스라엘을 거슬러 일어나"(1역대 21,1), "주님께서 사탄에게 물으셨다."(욥 1,7)

신약 성경에는 구체적으로 사탄의 이름이 언급된다.

"그리스도께서 어떻게 벨리아르와 화합하실 수 있겠습니까?"(2코린 6,15) 혹은 "그는 베엘제불이 들렸다."(마르 3,22)는 구절을 보면 사탄은 각각의 이름을 가지고 있고, "예수께서는 악마에게 유혹을 받으셨다."(마태 4,1)는 구절에서처럼 일반적으로 악마로 불리기도 한다. 예수는 사탄의 행위를 더 본질적이고 분명하게 묘사한다. 그분은 악마가 "처음부터 살인자로서, 진리 편에 서 본 적이 없다. 그 안에는 진리가 없기 때문이다. 그가 거짓을 말할 때에는 본성에서 그렇게 말하는 것이다. 그가 거짓말쟁이며 거짓의 아비기 때문이다."(요한 8,44)라고 말한다. 또한 요한묵시록에서는 '뱀'과 '용'으로 묘사되기도 한다.

그러나 욥기 1장 6-12절과 2장 1-6절에 나오는 천상 어전회의를 보면, 하느님이 사탄과 대화를 나누며 욥의 고난을 허락한다. '명령한다'가 아니고 '허락한다'는 표현은 하느님이 고난을 주는 것을 즐기는 악신이 아니라, 삶의 과정 중에 불가피하게 허락한 것이며 이를 안타까워하심을 암시한다. 여기에서 악은 실체로 등장하며, 천사와 함께 하느님 가까이 거하는 존재로 인식된다.

그렇다면, 선한 하느님에게서 어떻게 사탄이라는 실체가 나온 것일까?《가톨릭 교회 교리서》395항에서는 악마의 작용을 이렇게 설명한다.

"사탄의 힘은 무한하지 못하다. 그는 하나의 피조물일 뿐이다. 그는 순수한 영적 존재이기 때문에 강하기는 하지만 여전히 피조물에 지나지 않는다. …… 이러한 악마의 활동에 대한 하느님의 허락은 하나의 커다란 신비이지만 ……" 어디서 나왔는지에 대한 대답이라기보다 악마라는 것이 실재實在로 존재하지만, 하느님과 동등한 어떤 것이 아니라는 것을 확인해 줄 뿐이다. 그것이 하느님과 동등한 존재라면, 전지하고 전능하며 전선한 유일신을 믿는 그리스도교의 가르침과 함께할 수 없기 때문이다. 이렇게 동등하지 않은 창조물이라는 교리서의 설명에도 불구하고, 전선하신 신에게 사탄의 실체가 어떻게 허용될 여지가 있는지는 여전히 궁금증으로 남아 있다.

악에 대한 두 번째 대답은 '선善의 결핍'이다.

이는 그리스도교를 대표하는 입장으로 윤리적 차원의 악을 설명해 준다. 그 중심에는 초대 그리스도교의 대학자인 아우구스티노 성인이 있다. 그는 죄인들만 고통을 겪는 것이 아니라, 선한 이들도 고통을 겪는 것에 대해 고뇌했다. 또한 직접적인 죄가 없어도 당하는 악과 고통을 설명하기 위해 창세기에 나오는 에덴 동산의 아담과 하와, 뱀 이야기를 통해 '원죄론原罪論'을 주장했다. 아담과 하와로 상징되는 조상들의 죄가 이어져 오기 때문에 선한 사람들이라도 죄를 짓기 쉬운 경향이 있다는 원죄론은 정통 교리로 인정받는다. 반론도 있긴 하다. 하지만 하느님이 모든 것을 선하게 창조하신 세상 안에서原福 인간이 자유 의지를 통해 죄를 지어 우리 내부의 본성이 손상되어 버렸다는 것엔 이의를 제기할 여지가 없어 보인다. 현대의 관점에서 보면, 하느님은 인간을 마치 한 치의 오차도 없이 움직이는 운명의 시계 속에 로봇이나 들러리로 가두어 둘 분이 아니기 때문이다.

그분은 자신이 직접 개입하는 방법으로 움직이지 않으신다. 전쟁을 막아 내거나, 전염병을 없애 버리지도 않으셨고, 나쁜 짓을 일삼는 이들에게 번개를 치는 일도 하지 않으셨다. 하느님은 죄도 없고 후회도 없을 완성된 천국을 왜 이 세상에 만들어 주지 않을까? 올더스 헉슬리Aldous Huxley가 《멋진 신세계》에서 그려냈듯, 이런 세상에서는 인간이 그저 꼭두각시 인형으로 유아적인 상태에서 낙관주의에 사로잡혀 행복감을 향유하도록 입력된 생물학적 기계로 살기 때문일 것이다.[28] 자유 없는 행복이 가능하지 않은 이유이다.

하느님은 우리에게 사랑하는 만큼 자유를 주고, 스스로 성숙을 바라고 기다려 주는 부모와 연인과 같은 마음을 지니셨다. 하지만 이를 넘어 선하신 그분께서는 당신을 부정할 수 있는 자유와 인격까지 인간에게 주셨다. 과학의 도움으로 세계는 멈춰 있는 고정된 것이 아니라, 진화라는 과정

---

[28] 게르하르트 로핑크 지음, 이영덕 옮김, 《오늘날의 무신론은 무엇을 주장하는가?》, 가톨릭대학교출판부, 2012, 118.

을 통해 역동적으로 변화하고 발전해 가는 생명체인 것을 알게 되었다. 인간이 인간일 수 있는 이유는 이런 역동적인 생명과 죽음의 가능성 앞에서 스스로 운명을 결정해 나갈 수 있는 자유 의지가 있기 때문이다. 따라서 인간이 행하는 악의 주인공도

〈성 아우구스티노Saint Augustine〉, 필립 드 샹파뉴Philippe de Champaigne, 1645~1650년 경, 캔버스에 유채, 로스앤젤레스 카운티 미술관, 로스앤젤레스, 미국.

인간 스스로일 뿐이다. 이렇게 아우구스티노 성인은 악이 스스로 존재한다는 관점을 거부하고, 선의 결핍이나 선에서 멀어짐에서 오는 본성의 타락이라고 제안하였다. 한 발 더 나아가 모든 것의 본성이 선한 것은 물론, 심지어 마귀도 선성善性을 가지고 있다고 말한다. 그가 이해하는 악은 실체로 존재하는 것이 아니라 선이 없는 상태로 나타나는 현상에 불과하기 때문이다. 마치 빛은 실체이지만 어둠은 실체가 아니라 빛으로부터 멀어진 상태인 것과 같다. 우리 삶 안

에서 경험하는 악이 있지만, 신학적으로 악은 선의 결핍일 뿐 실체일 수 없다. 비록 아우구스티노 성인의 이해가 절대적 이원론dualism을 주장하는 마니교에 대한 변증이라 할지라도, 그가 주장하는 악의 개념은 오늘날 인간 고통의 원인을 밝히는 데 있어 더 타당한 주장이라고 할 수 있다. 또한 선과 악이라는 이원론이 아니라, 선의 존재만 인정하는 일원론monism을 따르기에 하느님에게도 인간에게도 악을 전가시키지 않는 장점을 가지고 있다.

앞에서 자연재해를 우상 숭배의 결과로 인한 하느님의 심판으로 접근하는 사람들을 언급했다.

악을 하느님이나 인간에게 혹은 다른 무엇에게 돌려 원인을 전가시키는 것은 성경적이지 않다. 그 이유는 세상에서 악의 기원을 제공하는 어떤 원인의 실체가 있다는 것을 전제로 하기 때문이다. 오히려 악의 실체에 대한 원인을 찾으려는 노력보다 있는 그대로 받아들이고, 그 현상을 하느님의 절대적인 사랑과 능력으로 극복하고자 하는 것이 현명한 처사가 아닐까. 이 지점에서 악과 고통을 엄격히 구별할 필요가 있다. 곧, 악은 하느님과 공존할 수 없기에 신학적으로는 결핍일 뿐 실체라 할 수 없다. 그러므로 100% 순수한 악이나 악인은 존재할 수 없다. 반면 고통은 내면의 성숙으로 들어가게 하는 통로이자 선물이다. 그러기에 실체이며 신비라고 할 수 있다. 이런 면에서 아우구스티노 성인은 성경에서 얘기하는 악(고통)의 실체를 명확히 설명하지 못한다. 또한 선하게 창조되었을 최초 인류가 왜 자유를 오용하였는지, 왜 인간이 늘 옳은 일만 자유롭게 할 수 없는가에 대한 질문의 답에는 한계를 안고 있다.

3) 하느님은 어디 계실까?

사람들은 전지전능한 하느님이 존재하는데, 왜 세상에 악과 고통이 존재하는지를 묻는다. 악과 고통은 창조의 선과 구원을 대비할 때 신학과 신앙의 가장 큰 걸림돌임이 분명하다. 무죄하고 가난한 사람들이 자연재해로 희생당하거나, 유전적인 병이나 기타 질병으로 고통받을 때, 전쟁이나 학살로 무수한 생명이 사라져 갈 때 하느님의 은총과 사랑을 고백할 사람이 얼마나 될까?

실제로 많은 신학자들이 이러한 경험을 기반으로 현대 신학의 기류를 변화시켰다. 대표적인 예로 독일 신학자 요한 밥티스트 메츠Johann Baptist Metz를 들 수 있다. 그는 전쟁 중에 동료 군인들이 무참히 목숨을 잃는 것을 목격했다. 그리고 거기서 세상과 무관하게 보이는 '저 하늘에 계시는' 전지전능한 하느님의 의미를 다시 생각하게 되었다고 고백하였다.

신학자들만이 하느님의 부재를 토로하는 것이 아니다. 아우슈비츠 수용소에서 한 어린아이가 교수형을 당했다. 아이는 몸무게가 적은 탓에 성인에 비해 오랜 시간 끈에 매달려 버둥거렸고, 그것을 본 수감자 중 한 명이 소리쳤다. "하느님은 대체 어디 계시는가?" 그때 누군가 말했다. "하느님은 저 아이와 함께 고통받고 계신다." 이 장면은 고통 앞에서 하느님의 존재와 활동의 의미를 찾는 신앙인의 절실한 심경을 잘 보여 준다.

이번 장에서 살펴본 바와 같이, 악과 고통은 긴밀하게 연결되어 있다. 악과 고통의 관계는 특히 '나쁘다', '악하다'는 히브리어 형용사인 '라רע'와 동사인 '라아רעע', 그리고 이들이 번역된 그리스어 '카코스κακος'와 '포네로스πονηρος' 등을 추적하는 가운데 더욱 명확히 드러난다.[29] 이스라엘 민족과 초기 그리스도 신앙인에게는 좋지 않은 것, 즉 죽음과 관련된 고통과 가난이나 궁핍함 등이 연결되며 악과 고통이 맞물리기 때문이다.

그리스도교는 역사적 종교이다. 우리는 역사적 인물 '예수'를 구세주이신 '그리스도'로 고백한다. 나자렛이라는 구체적인 장소와 특정한 시간에 존재했던 인물 예수는 고통의 한가운데 살았고 그 안에서 죽음을 맞았다. 이 때문에 그리스도인에게 있어서 고통은 다른 종교에서처럼 해탈을 하거나 벗어나야 할 어떤 대상에 놓이지 않는다. 그리스도인에게 고통은 하느님의 사랑과 능력에 대조적인 것이 아니다. 결코 말로 다 표현할 수 없는 하느님의 신비처럼, 고통은 영원히 우리의 지성과 경험을 통해 합리적으로 설명할 수 없는 지점에 놓여 있는지도 모른다.

고통받는 이들과 언제나 함께한 예수의 삶과, 스스로 고통을 짊어진 모습에서 비로소 그 의미가 조금씩 드러

---

[29] 한정현, '악', 《한국가톨릭대사전 8》, 한국교회사연구소, 2001, 5759.

난다. 고통은 극복되어야 할 대상이지만, 하느님의 부재를 드러내는 장소는 아니다. 하느님은 고통받는 이들의 편에 서서 우리 모두의 희망을 드러내신다. 예수의 고통스러운 죽음은 하느님의 침묵이 아니라 어떤 경우에도 함께 계시는 하느님을 보여 준다. 끝내 부활하신 예수는 하느님의 세상 구원에 자신을 비우는 모든 그리스도인과 함께하시는 하느님의 약속인 것이다.

그리스도인은 이처럼 고통과 함께, 고통 안에서, 고통을 통해 하느님을 고백한다. 이는 그리스도인들이 피학주의자被虐主義者라는 것이 아니다. 그리스도인은 고통 가운데서 그 안에 울고 있는 예수를 본다. 그 아픔과 연민이 우리 안에 옮겨질 때 우리는 기꺼이 나 자신과 타인의 고통을 본다. 그리고 묵묵히 십자가를 진 채 하느님을 향해 걸어간다. 정의를 위한 온갖 노력이 허물어질 때, 의인은 희생되고 악인이 승리하는 것 같은 세상 안에서도 그리스도인은 희망을 잃지 않는다. 이는 결코 이 상황이 하느님의 부재나 악의 승리를 의미하지 않음을 예수의 삶과 죽음 그리고 부활 안에서 보기 때문이다.

그리스도인에게 악과 고통은 해결의 문제가 아니라 '받아들임'의 문제이다. 그래서 예수의 수난과 십자가의 고통을 이야기하며 의미를 찾을 뿐, 벗어날 수 있는 처세술이나 해결책을 제시해 주지 않는다. 고통은 다 설명하거나 알 수 없는 신비로운 것이다. 그렇지만 우리 삶에 실재하며, 의미 없는 것이 아니라 하느님과 진정한 관계를 맺도록 해 주는 도구라고 보기 때문이다. 그래서 예수는 장애를 가졌던 사람의 원인이 어디에 있는지 따졌던 제자들과 달리 묵묵히 장애를 치유해 주었고(요한 9,1-7), 제자들에게 늘 고난을 겪겠지만 홀로 버려지지 않을 것이라는 약속과 함께 "용기를 내어라. 내가 세상을 이겼다."(요한 16,33)고 격려한다.

이런 면에서 하느님이 어떤 분이신지 드러난다. 성경은 하느님이 인간을 통해 활동하신다고 가르쳐 준다. 그분은 그분을 믿는 사람들, 그분의 영에 사로잡힌 사람들, 독재자 앞에서도 두려워하지 않는 사람을 통해 활동을 이어간다. 이들은 그분의 말씀에 힘을 얻어 살아가기 때문이다. 그러나 아쉽게도 이렇게 살아가는 이는 소수에 불과했고, 대부분은 무관심하거나 침묵하는 삶을 살았다. 그럼에도 하느님은 우리가 항구히 일하길 원하신다. 깨어 있으면서 자신의 소명을 의식하도록 끊임없이 자신의 영을 보내 주신다. 그런 음성을 듣느냐, 듣지 않느냐는 것은 인간 자유의 영역이다.

악과 신의 존재에 대한 질문과 대답은 결코 쉽지 않다. 예를 들어 존 캅John Cobb이나 그리핀David Griffin과 같은 신학자들은 만일 신이 다음과 같은 존재라면, 그런 신은 존재하지 않는다고 말한다.

첫째, 신이 도덕군자로서의 엄한 심판자이기만 하다면, 그런 신은 존재하지 않는다. 둘째, 신이 세상의 고통과 비극에 무감각한 절대자라면, 그런 신은 존재하지 않는다. 셋째, 신이 인간을 인형처럼 조종하고 자유를 박탈하는 통제자라면, 그런 신은 존재하지 않는다. 넷째, 신이 부조리한 현실을 옹호하고 묵인하는 존재라면, 그런 신은 존재하지 않는다. 다섯째, 신이 여성을 비하하는 남성성을 가졌다면, 그런 신은 존재하지 않는다.

이미 니체가 "신은 죽었다."고 말한 것도 이와 비슷한 맥락이었다. 그리스도교가 기득권을 옹호하며 변질되어 전하는 구태의연하고 권위적인 신은 제대로 된 신이 아니라는 선언이었기 때문이다.

함께 읽으면 좋을 책

오늘날의 무신론은 무엇을 주장하는가?
게르하르트 로핑크 지음, 이영덕 옮김, 가톨릭대학교출판부, 2012.

서양문명을 읽는 코드, 신
김용규, 휴머니스트, 2010.

성경 왜곡의 역사
바트 어만 지음, 민경식 옮김, 청림출판사, 2006.

아우구스티누스에게 삶의 길을 묻다
박승찬, 가톨릭출판사, 2017.

인문학으로 읽는 기독교 이야기
손호현, 한들, 2008.

고통, 그 인간적인 것
송봉모, 바오로딸, 1999(3).

과정신학
존 캅·데이비드 그리핀 지음, 유기종 옮김, 황소와 소나무, 2002.

악마는 존재한다
프란치스코 교황 지음, 디에고 마네티 엮음, 안소근 옮김, 가톨릭출판사, 2019.

고통의 문제
C. S. 루이스 지음, 이종태 옮김, 홍성사, 2013(22).

쉬어 가기

자연재해와 하느님

　우리는 높고 푸른 하늘 아래 따가운 햇살을 받으며 무르익은 곡식과 과일에서 자연의 풍성함을 느낀다. 저마다 다른 맛과 색을 뽐내는 형형색색의 과일과 야채의 조화가 마치 자연이 우리에게 보내 준 선물 꾸러미를 보는 듯하다. 추석과 유사하게 다른 나라에서도 이런 자연의 풍성함에 감사하며 보내는 명절이나 표현들이 있다. 그러나 지난 2004년 인도네시아를 강타하여 수만 명의 목숨을 앗아 간 쓰나미를 비롯하여 화산 폭발, 지진, 태풍, 홍수 등 수시로 자연재해와 관련된 뉴스를 접하게 된다. 그럴 때 풍요로운 자연에 대한 인상은 말끔히 없어진다. 자연 앞에 인간은 너무나 약한 존재인 것처럼 느껴지기도 한다.

　인간은 한없이 약해 보이지만 이성의 한 부분인 과학의 발달로 자연을 훨씬 더 많이 이해하게 되었다. 이에 따라 과거에는 모르고 당했던 재난의 피해를 줄이기도 한다. 그 예로 2017년 포항 지진을 들 수 있다. 예전부터 과학자들은 지진 해일 발생 지역의 위험성을 경고하고 이에 따른 대처를 강력히 요구하였다. 현대 과학은 지진 해일의 발생 여부와 규모, 해안가에 도착하는 시각 및 피해 지역과 규모를 지진 발생과 동시에 예측할 수 있는 능력이 있다. 그래서 해당 지역의 정부와 사업자들이 이러한 경고를 귀담아 듣고, 그에 합당한 대처를 하였더라면 인명 피해의 규모를 최대한 줄일 수 있었다고 말한다.

2020년, 세계를 강타한 코로나바이러스 감염증-19도 마찬가지이다. 가톨릭 역사상 처음으로 교황의 수요 알현과 삼종 기도 등의 일정이 영상 중계로 대체되었고, 공동체가 드리는 미사도 잠정 중단되었다. 가톨릭교회는 박해와 전쟁 중에도 순교를 각오하며 미사를 봉헌하였다. 그러나 보이지 않는 바이러스가 총칼보다 더 무섭게 전 세계인을 공포로 몰아넣었다.

14세기 중반, 유럽에서는 흑사병이 크게 유행했다. 이 병은 아시아에서 유럽으로 페스트균이 전염되며 발생하였는데, 이 병으로 유럽 인구의 3분의 1이 사망하였다. 특히 사제들은 환자를 방문하고 기도를 해 주는 병자성사로 감염되는 비율이 높았고, 대략 2분의 1이 사망하였다. 그 결과로 중세 교회의 영적

◇

권위가 무너지고 말았다. 또한 제대로 양성되지 못한 사제들이 교회 유지를 위해 생겨나기도 하였다. 원인도 모르고, 경험해 보지 못한 이 전염병이 불러온 공포감은 엄청났다. 당시 사회는 흑사병을 인간의 죄에 대한 '하느님의 심판'으로 보았다. 하느님이 인간의 죄를 벌했으므로 사람들은 마땅한 보속을 치러야 했다. 그래서 극단적인 방법으로 회개를 강조하는 '채찍 고행단'이 여기저기에 생겨났다. 이들은 알몸으로 십자가를 들고 성가를 부르며, 채찍으로 자신의 몸을 내려치면서 마을을 돌아다녔다. 결과적으로 이들을 통해 감염 지역이 더 확대되었다. 또한 하느님이 진노한 이유가 유다인, 집시, 매춘부 등 소위 악마적인 사람들 때문이라는 혐오가 만연해 갔다. 죽음에 대한 집단적인 공포가 무분별한 광기로 돌변한 사회가 된 것이다.

17세기에 키에커Kiecher 신부가 흑사병이 미생물로부터 발생한다는 획기적인 발표를 하며 전염병 치료의 길을 열었고, 비로소 감염의 비밀을 알 수 있었다. 코로나바이러스 감염증-19도 하느님의 심판이 아니라 인간의 무분별한 생태계 파괴와 욕망으로 시작된 것이다. 이에 대한 과학자들의 수많은 경고가 있어

왔다.

또한 과거에는 막연하게 자연 현상으로 이해했던 것들이 이제는 자연의 계속적인 활동의 결과나 인간의 환경 파괴가 그 원인임을 알게 되었다. 과학자들은 지진 해일과 지각 변동 등이 토양을 비옥하게 하며 지구의 온도를 조절하는 한편, 금과 기타 희귀 광물들을 한 곳에 모으고 바다의 화학적 균형을 유지하는 긍정적인 역할을 한다고 주장한다. 이런 관점에서 지진 해일은 우리에게 자연의 신비한 활동력과 근시안적이고 경제적 계산이나 이기심 등의 죄가 가져오는 결과를 동시에 보여 주고 있다고 말할 수 있다.

자연재해를 보며 인간이 자연 안에서 너무나 하잘것없는 존재라고 비하할 필요도 없고, 무작정 무서워하거나 파괴적인 것으로 생각할 필요도 없다. 그보다는 자연재해나 기상 이변이 왜 일어나고 있는지, 어떤 사항들이 그 피해 규모를 확대하는지를 검토하는 자세가 필요하다. 또한 자연재해를 확대되도록 한 원인이 우리 사회에서 공동체의 피해를 더 크게 한다는 점을 눈여겨보아야 한다. 다리나 건물의 붕괴 사건, 화재 사건, 돈벌이에

눈이 어두워 안전 사항을 무시한 채 근로자들을 위험한 화학 물질에 노출시킨 최근의 사건 등이 그러하다. 모두가 양상만 다를 뿐 "지금 당장 나만 괜찮으면 된다." 혹은 "경비 절감을 위해 어쩔 수 없다."는 근시안적이고 비합리적이며 비양심적인 안일함이 빚어 낸 결과인 것이다.

계속되는 기상 이변과 자연재해 현상 앞에서 신앙인은 작은 이기심이나 거짓이 주변의 약자나 환경을 파괴하고 있는 것은 아닌지 생각해 보아야 할 것이다. 또한 하느님이 창조하신 자연과 인간 세계가 인간의 이기심을 이겨 내고, 정의가 강물처럼 흐르는 그분의 현존을 드러내는 '성사聖事'가 되어야 한다. 이런 것들을 묵상하며 자신을 되돌아보도록 하자.

3장

하느님이 기도를
들어 주실까?

인간이 신의 자리를 차지한 시대에 신은 무엇을 할 수 있을까? 다가올 미래에는 인간이 신에게 명령할 수도 있을 것 같다. 니체가 이미 선언한 신의 죽음 앞에서 그리스도인들은 무엇을 할 것인가? 이런 의문이 들 때면, "니체를 비롯하여 무신론자들이 말하는 일반화된 의미의 '신'은 어떤 존재일까?", "그들이 죽음을 선포한 신은 "과연 그리스도인이 믿는 하느님과 같은 신일까?"를 먼저 질문하지 않을 수 없다. 여러 논란이 있음에도 불구하고, 이 논의를 위해 오강남 교수가 쓴 《예수는 없다》에서 밝힌 '잘못된 신관은 무신론만 못하다'라는 관점은 필자가 공감하는 내용이기에 참고하겠다. 그리스도교의 하느님과 우리 각자의 방식대로 생각하고 있는 하느님이 같은 신인지를 잘 묻고 있기 때문이다.

1) 하느님은 어떤 분인가?

a. 하느님은 남성인가?

우선 "하느님은 남성일까, 여성일까?"라는 질문에서 시작해 보자. 우리가 하느님에 대한 이미지를 생각할 때 어떤 상像을 갖고 있는가? 우리는 주님의 기도에서 하느님을 '하느님 아버지'라고 지칭하여 부른다. 이 때문에 대부분의 사람들은 하느님을 남성이라고 생각하는 것 같다. 그래서 성장 과정에서 아버지나 남자 형제들에게 별로 좋은 기억을 갖지 않았던 어느 신자는 하느님 아버지에 대해서 좋은 느낌을 가질 수 없다는 어려움을 말하기도 하였다.

하느님은 남성이란 성과 여성이라는 성에 국한할 수 없는 분이다. 하느님이 절대자라면 남녀라는 성에 갇혀 있지 않으며 그 양성을 골고루 나누어 가지고 계실 것이고, 성경에서 언급되는 하느님도 반드시 남성으로만 묘사되지 않기 때문이다. '절대絶對'라면 비교할 만한 상대가 있지 않고 제약도 없다는 뜻이다. 즉 절대자인 하느님은 남성에 국한되거나 여성을 위한 상대가 되는 분이 아니다.

성경에 하느님을 아버지나 남성처럼, 심판하고 벌주고 싸우며 엄격한 모습으로 그리는 부분이 많다. 그렇지만 "하느님은 이렇게 당신의 모습으로 사람을 창조하셨다. 하느님의 모습으로 사람을 창조하시되 남자와 여자로 그들을 창조하셨다."(창세 1,27) 여기서 등장하는 하느님은 히브리 원어로 '엘로힘אֱלֹהִים'이다. '하느님'으로 해석되는 이 단어는 구약 성경에 2,500회 이상 반복되는데, 많은 학자들은 엘로힘을 '엘'이라는 남성 신과 '엘로아'라는 여성 신이 합쳐진 복수형으로 본다. 하느님은 당신을 닮은 인간을 창조하셨는데, 바로 남자와 여자였다. 이는 하느님 안에 남성성과 여성성이 함께 존재한다는 것을 의미한다.

또한 창세기 1장 26절에 "우리와 비슷하게 우리 모습으로 사람을 만들자."라는 말씀에도 하느님인 엘로힘이 등장하는데, '나'가 아니라 '우리'라는 복수형임을 확인할 수 있다. 하느님의 또 다른 별칭인 '엘 샤다이אֵל שַׁדַּי'는 '젖을 먹이는 하느님'으로 직역할 수 있는데, 어머니가 아이에게 젖을 먹여 필요한 영양분과 사랑을 주듯이 백성의 모든 필요를 부족함 없이 공급해 주는 부드러운 신이라는 뜻이다.

구약 시대에 이스라엘인들이 하느님을 부르던 고유 명사인 '야훼(יהוה)'는 '나는 있는 나다'라는 뜻이다. 그러나 사람들은 하느님의 이름을 함부로 직접 부를 수 없어 야훼 대신 '아도나이(אדני)(주님)' 또는 엘로힘이나 엘 샤다이라는 호칭을 사용했다. 신명기 32장의 '모세의 노래' 속에 "그분은 너희를 내신 아버지가 아니시냐?"(6)는 야훼 하느님의 부성父性을 강조하면서 "너희는 너희를 낳으신 바위를 무시하고 너희를 세상에 내신 하느님을 잊어버렸다."(18)고 하느님의 모성母性도 동시에 언급하고 있다.

무엇보다 이사야서는, 바빌론에서 포로 생활을 하는 이스라엘 백성을 위하는 야훼가 "여인이 제 젖먹이를 잊을 수 있느냐? …… 설령 여인들은 잊는다 하더라도 나는 너를 잊지 않는다."(49,15)고 했다. "나는 해산하는 여인처럼 부르짖으리라. 헐떡이며 숨을 내쉬리라."(42,14)와 "어머니가 제 자식을 위로하듯 내가 너희를 위로하리라."(66,13)도 마찬가지다. 야훼가 우리를 업어 기르는 모습도 찾아볼 수 있는데, "이스라엘 집안의 남은 자들아, 모태에서부터 업혀 다니고 태중에서부터 안겨 다닌 자들아, 너희가 늙어 가도 나는 한결같다.

너희가 백발이 되어도 나는 너희를 지고 간다. 내가 만들었으니 내가 안고 간다. 내가 지고 가고 내가 구해 낸다."(46,3-4)

물론 이런 표현을 문자적으로만 받아들여서는 곤란하다. 하지만 하느님을 아버지라고 말하는 상징처럼 어머니로 상징한 표현이 얼마든지 있다는 뜻이다. 어차피 하느님을 다 표현하거나 담을 수 있는 인간의 단어는 없기에, 상징과 비유로 하느님을 표현할 수 있을 뿐이다.

그럼에도 주님의 기도는 하느님을 '아버지'로 부른다! 송봉모 신부의 저서 《예수》에서 언급되듯, 예수가 하느님을 '아버지', 곧 아람어로 '아빠'라고 부른 것은 2,000년 전 당시 유다인들에게 급진적이고 충격적이었다. 구약 성경은 물론이고 유다교 문헌 어디에도 하느님을 아빠와 아버지로 부른 경우를 찾아볼 수 없기 때문이다. 야훼라는 하느님의 이름이 있었지만, 죄 많은 인간의 입으로 감히 부르지 못할 존재이기에 당시 사람들은 '나의 위대한 주님'이란 뜻의 '아도나이'로 바꿔 불렀을 정도이다. 이런 상황에서 하느님을 감히 '아빠, 아버지'라고 부른 것은 파격적인 일이었다. 예수는 당신의 친밀함과 애정을 담아 하느님을 아빠라고 불렀고, 우리에게도 그렇게 부르도록 가르친다. 이는 하느님이 아버지이며 남성이라는 뜻이라기보다, 가장 친밀한 관계에서 나오는 호칭이라 할 수 있다. 송봉모 신부도 예수가 하느님을 아빠라고 부르게 하심으로써 하느님과 우리의 경직된 관계가 신뢰 가득한 인격적 관계로 바뀌게 된다고 말한다. 헨리 나웬 신부는, '되찾은 아들의 비유'(루카 15,11-32)가 훌륭한 아버지를 묘사한 것이 아니라 하느님을 묘사한 것이라고 말했다. 또한 '아빠'가 가부장적 호칭이 아님을 알려 준다.[30] 아기 예수의 데레사 성녀도 이사야서 66장 13절을 통해, 자신을 어머니처럼 이끌고, 팔로 안아 들어 올려 자애로이 쓰다듬어 주는 새로운 모습의 예수를 보았다. 성녀는 하느님을 '아버지 어머니'로 부르면서, 그 하느님은 어떤 어머니보다도 부드러운 분이라고 말한다.

"무릇 죄인들은 알 것이다. 하느님 아버지 어머니가 우리와 함께 계심을 기억하기 시작할 때 …… 하느님은 이미 동

---

[30] Henry Nouwen, 《*The Return of the Prodigal son*》, Doubleday, 1992, 131.

구 밖에 나와서 우리를 기다리고 계셨다는 것을! 하느님 아버지 어머니는 탕자밖에는 아들이 없는 듯이 그 아들을 기다리고 계셨다. 하느님은 수많은 자녀가 있어도 나 하나밖에는 더 자식이 없는 것처럼 나를 사랑하시는 대자대비하신 아버지 어머니이시다."[31]

요한 바오로 1세 교황은 하느님을 "하느님은 어머니이시면서 아버지이시다. 하지만 하느님은 아버지이시기보다는 어머니이시다."라고 말한 바 있다. 이처럼 하느님을 아버지로 부른 것은 무한한 신뢰와 사랑을 전하는 표현일 뿐 남성성에 초점을 맞춘 언급이 아니었다. 우리는 하느님에게서 부성만이 아니라, 모성을 느낄 수 있는 감성을 회복하는 일이 필요하다고 할 수 있다. 더불어 하느님은 인간의 언어로 표현하기 어려울 만큼 우리를 사랑하는 분이라는 사실을 '아빠, 아버지 혹은 엄마, 어머니'를 통해 체험해야 한다.

---

[31] 송봉모, 《예수》, 바오로딸, 2019, 98.

b. 세상에는 종교가 많은데, 그만큼 신이 존재하는가?

어느 대학생으로부터 "하느님이 절대 신이라면 단 하나의 종교만 존재해야지, 왜 이렇게 많은 종교와 신들이 있나요?"라는 질문을 받은 적이 있다. 종교학자 오강남에 따르면, 종교는 여러 신을 믿는 다신론polytheism, 여러 신 중에 하나의 신을 믿는 단일신론henotheism, 하나밖에 없는 신을 믿는 유일신론monotheism으로 나누어 볼 수 있다. 그리스도교와 유다교, 이슬람교는 유일신을 믿는 종교이다. 이런 관점에서 접근해 보면, 이슬람교의 알라신, 힌두교의 많은 신들을 비롯하여 다른 종교의 신들이 그리스도교의 하느님과 어떤 관계가 있을까?

이슬람에서 경전으로 쓰는 것은 알라 신에 초점을 맞춘 《꾸란Quran》과 모세오경으로 일컬어지는 율법서인 《토라Torah》이다. 가톨릭을 비롯한 다른 그리스도교의 많은 종파들은 구약 성경(토라 포함)과 신약 성경이 기본 경전이다. 물론 가톨릭은 이런 성경聖經과 함께 성전聖傳이라는 전통을 받아들인다. 유다교도 토라와 이를 보충하는 《탈무드Talmud》를 경전으로 가지고 있다. 무신론에 속하며 여러 갈래로 나누어 졌기에 공동 경전이 없는 불교[32]와 3억 3천만의 신으로 상징되며 《베다 Veda》를 경전으로 가지는 힌두교를 제외하면, 세상에는 많은 종교가 존재하지만, 그 종교 간에 공통점이 없는 것도 아니다. 불교는 유일신론과 전제가 다르지만 경전 내용에 있어서는 성경과 공통점이 많이 존재하고, 자연에 대한 경외와 찬양을 시詩로 노래한 베다 경전도 성경과 공유할 수 있는 내용들이 있다.

이렇게 보면 세상에 다양한 종교가 있지만, 그 종교들이 완전히 이질적이라기보다 공통점이 더 많이 존재하기에 한 하느님을 부정한다고 단정할 수 없다. 절대적이란 말은 가장 큰 것보다 더 크고, 가장 작은 것보다 더 작은 경계를 가지지 않은 영역이다. 그러기에 절대신이 여럿일 수 없다. 그리스도교 입장에서 보면 많은 이름으로 세상에 존재하는 신들은 한 하느님과 무관하지 않으며, 하느님의 다양한 표현이라 보아도 큰 무리가 없을 것이다. 물론 프란치스코 교황이 보여 주듯, 이웃 종교를 존중하고 그 종교와 대화하는 가

---

[32] 'Buddhism' from Wikipedia.

운데 이해하며 성숙을 향해 나아가야 하는 긴 여정이 남아 있다. 그리스도교의 하느님이 따로 있고 다른 종교의 신이 따로 있다기보다는, 우주의 궁극 실재인 한 분 하느님이 존재한다고 말할 수 있다.

c. 신자들을 보면 하느님이 느껴지지 않는다?

우리는 한국 사회에서 종교가 세상을 걱정하기보다 "세상이 종교를 걱정한다."는 말에 공감한다. 어떤 이들은 그리스도인들이 예수를 선교하기 전에, 사회에 피해나 주지 말고 제 앞가림이나 잘했으면 하는 마음이 더 크다고 얘기하기도 한다. 최근 들어 성추문 문제를 비롯한 교회 세습, 재정 비리에 이르기까지 개신교를 포함한 종교인의 부끄러운 일들이 자주 보도되고 있다. 이에 대한 반응도 "신이 없다."는 반증이라는 주장부터 비아냥, 욕설, 무관심과 종교 혐오까지 다양하게 나타난다. 인간 사회가 시작된 후 종교가 등장하면서 종교와 연관된 전쟁은 끊이질 않았다. 그 종교 전쟁으로 인류가 불행해졌다고 말하는 사람도 많다. 종교가 세상을 구원하기는커녕, 세상에 빌붙어 먹고 사는 기생충에 불과하며 '먹고 살려는 생활 방편의 인간 집단'이라는 냉정한 반응도 있다. 이처럼, 입으로는 하느님을 말하지만 실생활에서는 하느님이 안 계신 것처럼 '신의 죽음'을 증거하며 살아가는 현대 신앙인의 태도를 '실제적 무신론'이라 할 수 있다. 이런 실제적 무신론자로 살아가는 게 우리의 부정할 수 없는 모습이 아닐까 한다.

마찬가지로, 하느님을 믿는다면서 다른 신을 모시고 사는 그리스도인도 많이 있는 것 같다. 돈이라는 신이 그 첫 번째라 할 수 있다. 또한 성공의 신, 명예 유지의 신, 건강의 신, 출세의 신, 이성과 합리성의 신을 모시고 살다가 주일에만 성당에 나온다면 그를 그리스도교 신자라 할 수 있을까? 한스 큉의 지적대로, "거룩하신 황금 하느님, 거룩하신 섹스 하느님, 거룩하신 권력 하느님, 거룩하신 과학 하느님, 거룩하신 민족주의 하느님, 거룩하신 정당 하느님"[33] 등에게 마음을 빼앗기고 있는 것과 같다. 마치 이는 다신론자의 모습이라 할 수 있다. 그리스도인이 믿는 하느님이 세상 사람들

---

33 한스 퀑 지음, 정한교 옮김, 《왜 그리스도인인가?》, 분도출판사, 1990, 297.

⟨홍해의 기적Crossing of the Red Sea⟩, 한스 3세 요르단스Hans III Jordaens, 17세기 경, 나무에 유채, 바르샤바 국립 미술관, 바르샤바, 폴란드.

에게 조롱과 무관심의 대상이 되어 가는 현실은 그분이 안 계셔서라기보다는 잘못 믿고 있는 우리의 탓이지 않을까?

d. 하느님은 이스라엘만 편드는 분이신가?

구약 성경을 읽으며 자연스레 드는 질문은 이런 것이다. '하느님은 중동 지방의 작은 부족에 불과했을 아브라함, 이사악, 야곱의 후손인 이스라엘 민족만 택하셔서 그들만 편들고, 이집트나 다른 민족들은 왜 돌보지 않는가? 구약 성경에 나오는 쉽게 벌하고 화내는 하느님, 사람을 차별하는 하느님, 전쟁을 벌이는 하느님 등등. 이런 옹졸한 하느님을 왜 믿어야 하는가?'

  탈출기에 의하면, 강대국인 이집트에서 종살이 하던 이스라엘 백성의 부르짖음을 들으신 하느님은 모세를 불러 젖과 꿀이 흐르는 가나안 땅으로 인도하려 한다. 이집트 왕인 파라오가 모세를 통해 전해진 이스라엘 구원을 위한 하느님의 메시지를 거부하자, 하느님은 이집트에 열 가지의 재앙을 내린다. 이 재앙에 피해를 입었을 많은 사람들은 평범한 이집트 백성이었을 것이다. 마침내 "어서 내 백성에게서 떠나라."(탈출 12,31)는 파라오의 굴복에 성인 남자만 60만 가량이니 약 200만은 족히 되는 이스라엘 사람들이 이집트를 탈출해 홍해 부근에 이르렀다. 한편, 이런 결정을 뒤늦게 후회한 파라오는 정예 부대를 이끌고 이스라엘인들을 추격한다. 모세는 이런 절체절명의 위기 상황에서 지팡이를 들고 홍해를 가르는 기적을 통해 탈출에 성공한다. 그리고 쫓아오던 이집트 군대는 수장水葬된다. 그리고 모세와 이스라엘은 하느님께 찬양의 노래를 부른다.

이 탈출기가 이스라엘에게는 위대한 기적의 역사이겠지만, 이렇게 이스라엘만 편드는 하느님을 정의와 사랑의 하느님이라 할 수 있을까? 이스라엘을 구한다는 명목으로 무고한 이집트 사람들과 가축들이 재앙을 겪고 죽임까지 당해야 했는가? 더구나 열 번씩이나 파라오의 마음을 완고하게 하여 다른 여지를 없게 만들고 계속 재앙을 내리는 것은 너무하지 않나? 왜 이스라엘만 일방적으로 편을 드는 것일까?

이뿐만이 아니다. 하느님은 모세의 사후에 여호수아에게 통수권을 맡기고, 요르단 건너 예리코를 정복하려 한다. 예리코를 점령하는 과정에서 "남자와 여자, 어른과 아이, 소와 양과 나귀 할 것 없이, 성읍 안에 있는 모든 것을 칼로 쳐서 완전 봉헌물로 바쳤다."(여호 6,21)는 표현대로, 하느님은 잔인한 전쟁을 수행하며 전멸시키는 것을 두려워하지 않으시는 모습이다. '이렇게 한 민족만을 위해 물불을 가리지 않고 전쟁을 즐기는 잔인하고 속 좁은 하느님이라면, 우리가 꼭 믿어야 할 필요가 있을까?'라는 의문이 들지 않을 수 없다.

구약 성경 속 하느님과 이스라엘 민족의 이야기는 하느님이 마치 일기를 쓰듯 적어 놓은 것도 아니며, 받아쓰도록 한 것도 아니다.

　이 이야기는 이스라엘의 위대한 역사 안에 늘 하느님이 함께하셨음을 이야기하는 신앙 고백서라 할 수 있다. 따라서 객관적인 역사나 사실 기록에 핵심이 있지 않다. 이스라엘 민족의 시점에서 그들을 사랑하시는 하느님의 모습을 주관적이고 배타적으로 묘사하고 있기 때문이다. 교통사고가 나면 가해자와 피해자의 시각이 다르고, 사고를 목격한 위치에 따라 여러 시각의 차이가 있다. 이처럼 이스라엘 민족도 자신들만의 신앙의 눈으로 하느님을 해석해 왔다. 그렇기에 성경의 구절들을 문자 그대로 믿어야 한다는 극단적 성경 이해 방식인 '성경 문자주의Biblical literalism'는 유의해야 한다.

　유목 생활을 하는 기원전 이스라엘의 사회에서는 어느 부족이든 치열한 생존 경쟁에서 살아남아야 했다. 그러기에 이런 강한 신을 찾고 믿어 온 것이다. 경찰력이나 공권력이 없던 부족 시대에 아버지를 비롯한 남성들은 자기 부족과 가축을 보호하기 위해 싸워야 했고, 이런 과정에서 자연스레 가부장적家父長的 문화가 자리 잡았다. 그래서 이들에게 싸움을 잘하는 남성적 신의 모습이 부각되었을 것이다. 하느님은 모두의 하느님으로 인류를 사랑하고 계셨는데, 이스라엘은 자기들만의 하느님으로 독점적인 기록을 해 왔다. 물론 그 신의 모습도 하느님의 일부이기에, 하느님을 인격적으로 체험하고 기록한 이스라엘 민족의 위대성이 드러난다고 할 수 있다. 그러나 거기에는 각기 다른 역할을 하는 여러 신들을 배경으로 하는 농경 문화와 달리, 배타적인 이스라엘의 부족 신관이라는 한계가 자리하고 있다. 그러기에 그 모습을 하느님의 모든 것으로 생각하는 건 곤란하다. 이런 좁은 이스라엘의 하느님을 좀 더 제대로 알려 주기 위해 세상에 오신 분이 예수 그리스도이기 때문이다.

앞의 네 가지를 통해, 그리스도교의 하느님과 일반적으로 알고 있는 신의 모습에 차이가 있다는 것을 살펴보았다.

1960년대에 "신은 죽었다"고 주장하던 신학자들이 있었다. 사실 그들은 그리스도교의 하느님이 '죽었다'고 한 것이 아니었다. 많은 이들이 왜곡하여 생각한 신의 모습이나 자신만의 생각으로 만든 그런 신이 없다는 견해를 다소 충격적인 표현으로 나타낸 것이다.

요즘은 '신은 실업자'라는 말까지 등장했다. 창조 사업도 6천 년 전에 다 이루어 놓았고, 이제 어느 특수한 민족의 안녕을 위해 전쟁에 매달리는 일도 없고, 병든 사람들을 고쳐야 할 일도 없고, 천둥 번개로 죄인들을 처벌할 일도 없고, 잘하는 사람 골라 상 줄 일도 없다. 그러니 결국 실업자 하느님unemployed God이 되었다는 뜻이다.[34] 그러나 우리가 각자 편한 방식대로 생각하고 만들어 온 그런 신이 죽었거나 실업자가 되었음을 다시 선포해야 하지 않을까?

2) 성경에 대한 오해

그리스도인으로 살면서 뭔가 부담스럽고, 무거운 마음이 들게 하는 것 중 하나가 바로 성경이다. 방대한 분량과 성경의 전체적인 흐름을 이해하며 읽어야 한다는 생각 때문에 선뜻 읽기를 시작하지 못한 경험이 있을 것이다. 그러나 이것은 성경에 대한 사전 지식이 부족하기 때문일 수도 있다.

---

34 오강남, 《예수는 없다》, 현암사, 2003, 166.

이제 성경이 무엇인지에 대해 살펴보고자 한다. 성경이 어떠한 것인지에 대한 어려운 정의보다는, 무엇이 '아닌지'에 대한 것부터 살펴보도록 하겠다.

a. 네 가지 오해

첫째, 성경은 하늘에서 갑자기 떨어진 책이다?

외국의 어느 공원에서 몰몬교 선교사들과 이야기를 나눈 적이 있다. 그들은 자신들이 쓰는 《몰몬경 The Book of Mormon》에 대한 얘기를 해 주었는데, 조금은 황당한 이야기였다. 천사의 계시를 받은 조셉 스미스 주니어라는 한 사람이 1827년에 어느 언덕을 파니 금으로 된 《몰몬경》의 원본을 발견했다는 이야기였다. 이 책은 성경과 함께 몰몬교의 경전으로 쓰인다.

구약 성경의 십계명을 연상시키는 설명일 수는 있으나, 성경은 한순간에 기적처럼 갑자기 어디에서 떨어진 책이 아니다. 누군가 불러 주고 누군가가 국회의 속기사처럼 계속 받아쓰기해서 완성된 책도 아니다. 수천 년 동안 입으로 전해지던傳 하느님 체험에 관한 내용들을 여러 시대에 걸쳐 각기 다른 사람들이 단편적인 형태로 쓴 문서의 단계와 최종 편집의 복잡한 과정을 통해 완성되었기 때문이다. 물론 지금은 서점에서 한 권으로 만날 수 있지만, 따로 쓰인 73권을 함께 매어 제본한 합본合本 형식이라 할 수 있다. 크게는 구약 성경(46권)과 신약 성경(27권)으로 나누어져 있다.

한 사람에 의해 한 시대에 쓰인 한 권의 책이 아니기에 수많은 저자들이 경험하고 오랜 기간 하느님을 체험한 여러 공동체의 상황들을 풍요롭게 만날 수 있다는 뜻이다. 따라서 성경을 읽기 위해서는 글자 한 자에도 집중해야 하지만, 그 성경이 쓰인 시대적 배경과 목적도 함께 알아야 하느님을 제대로 만날 수 있다. 예를 들어, 성경을 공부할 때 만나게 되는 '문헌가설文獻假設'이란 이론이 있다. 이는 창세기, 탈출기, 레위기, 민수기, 신명기를 포함하는 모세오경이 한 명의 저자에 의해 쓰인 것이 아니라 몇몇 저자들이 비슷한 종교적인 관점을 유지하면서도 독립적으로 저작하였다는 것이다. 또한 이 독립된 문헌들이 역사적인 과정을 거치면서 결합되어 현재의 형태가 되었다는 이론이다. 문헌들이 독립적으로 존재했다는 것이 단어나 문체의 차이로 드러나기 때문이다. 이러한 연구로 알 수 있듯이, 모세오경은 하느님의 영감을 받은 사람들이 기록한 가장 초기의 작품인 야휘스트계 문헌(J)을 비롯하여 엘로힘계 문헌(E), 신명기계 문헌(D), 사제계 문헌(P)의 결합으로 오랜 세월에 걸쳐 기록한 것이다. 어느 날 갑자기 하늘에서 한순간에 떨어진 책이 아니다.

둘째, 성경은 어느 한 나라의 말로 기록되었다?

우리가 보는 성경은 한글로 해석된 번역본이다. 구약 성경은 고대 이스라엘 민족이 체험한 하느님과의 역사를 기록하고 있기에 히브리어로 쓰였다. 히브리어는 아랍어와 같이 자음을 강조하는 셈어족 계열에 속하는 중동 지방의 언어이다. 몇 년 전 프란치스코 교황이 이스라엘을 방문했을 때 일이다. 교황과 네타냐후 이스라엘 총리는 예수가 2,000여 년 전 어떤 언어를 사용했는지에 대해 가벼운 논쟁을 벌였다. 교황은 아람어를 썼다고 하였고, 총리는 히브리어를 썼다고 하였다. 진실은 무엇일까? 네타냐후 총리의 주장이 틀린 것은 아니다. 예수는 유다인이었고, 당시 유다인은 히브리어를 사용했기 때문이다. 근세 유럽인들이 자국어 외에도 유럽 문화의 공용어인 프랑스어를 사용한 것처럼, 당시 유다인들 중 교육받은 사람들은 아람어를 추가로 구사하였다. 특히 예수가 태어난 중동 지역 사람들은 아람어를 공용어로 사용했다고 한다. 구약 성경의 대부분은 히브리어로 쓰였지만, 일부는 아람어로도 되어 있고 예수도 아람어를 썼다.

유다인들은 식민지 생활, 추방, 이민 등의 이유로 이스라엘 본토를 떠나 각국에 흩어져 살았다. 이를 디아스포라Diaspora라고 한다. 그들은 당시 주류 언어인 그리스어를 사용하였고, 신약 성경은 그리스어 방언 중 하나로 서민들이 주로 사용했던 코이네Koine 그리스어로 기록되었다. 디아스포라의 그리스도인을 위해 코이네 그리스어로 번역된 구약 성경을 칠십인역(70인역, 七十人譯) 성경이라 하는데, 현재까지 그리스 정교회에서 전례 본문으로 인용하고 있다. 또한 382년 다마소 1세 교황이 히에로니무스(예로니모) 성인에게 성경 번역을 지시하여 히브리어를 라틴어로 직접 번역한 불가타Vulgata본이 나왔다. 지금은 몇몇 부분을 개정하여 '새로운 불가타'란 뜻으로 '노바 불가타Nova Vulgata'를 로마 전례에서 공식 사용하고 있다. 그리고 이를 기본으로 각 나라 언어로 번역한 성경을 쓰고 있다. 그러므로 성경은 그 시대 상황에서 끊임없이 연구되고 새롭게 번역되어야 할 '현재 진행형'의 책이다.

  셋째, 성경은 역사책이나 과학책이다?

  구약 성경의 많은 부분이 이스라엘 민족이 겪은 역사를 배경으로 하여 기록하고 있다. 성경을 기록한 이들은 역사적 사실에 무관심하지 않았기 때문이다. 그러나 성경은 역사적 사실의 기록이나 증명을 목적으로 하여 쓰인 책이 아니다. 성경은 시간적 흐름에 따라 배열되어 있다. 그러나 구전으로 내려오던 하느님이 이스라엘 역사 안에 함께하신 이야기를 다음 세대에 들려주기 위해 신앙적 관점 안에서 편집되었다. 신약 성경도 예수의 역사적 삶을 구세주인 그리스도에 대한 신앙에 비춘 생생한 증언이기 때문에, 모든 내용을 역사적 사실로 확증할 수는 없다.

  또한 과학이 사용하는 언어와 성경의 언어는 다르다. 이 두 언어는 공통적으로 진리를 추구한다. 하지만 성경은 과학이 탐구하는 '보이는 진리'가 아닌, '영적인 진리'를 이야기한다. 성경과 과학의 모순으로 여겨지는 '창조론'과 '진화론'도 같은 맥락에서 이해할 수 있다. 성경은 과학책이 아니기 때문에 과학이 탐구하는 입장에서 증명하려 해서는 안 된다. 성경의 창조 이야기는 현대적 의미에서 자연 과학 논문이 아니라, 고대인이 자신들의 수준에서 하느님이 인간과 세상을 창조한 분이라는 믿음을 가지고 표현한 신앙 고백서이기 때문이다.

이는 창조 이야기를 대조적인 방법으로 언급하는 두 가지 문헌에서 드러난다. 바로 창세기 1장 1절-2장 4절의 창조 이야기(사제계 문헌)와, 2장 5절-2장 25절의 창조 이야기(야휘스트계 문헌)의 차이이다. 앞의 이야기에는 하느님이 모든 피조물을 만든 다음 사람을 제일 나중에 만들었다고 하는데, 뒤의 창조 이야기에서는 남자를 먼저 만들고 나중에 동식물과 조류를 만드는 반대의 순서로 묘사하고 있다. 그럼 어느 창조 이야기가 맞고 틀리냐는 질문이 있을 수도 있다. 그러나 성경의 저자들이 말하고 싶은 것은 과학적 사실이 아니다. 하느님 사랑의 손길로 인간과 만물이 존재한다는 신앙적 표현 방법에 차이가 있을 뿐이다. 이처럼 성경은 '과학적 진리'가 아니라 '구원을 위한 진리'를 위해 쓰였기 때문에 역사책이나 과학책과는 다를 수밖에 없는 것이다.

넷째, 성경 말씀은 모두 문자 그대로 지켜야 한다?

성경은 2~3,000년 전에 쓰였다. 그러기에 한국과는 다른 환경에서 기록된 책인 만큼 표현 방식이나 의미, 관용적 숙어 등이 한국어와 다른 부분이 있다. 또한 한국어로 번역을 했지만 원어의 뜻과 완전히 일치되지 않는 경우도 있다. 그래서 원어 그대로의 의미로, 현대의 시선과 사고방식으로 이해하면 그 뜻을 충분히 이해하기 어려울 수도 있다. 예를 들어, 성경의 레위기 11장에 유다인은 돼지, 토끼, 너구리, 낙타 등의 동물과 오징어, 장어, 미꾸라지 등은 먹을 수 없다고 나와 있다. 그 밖에 게나 가재 같은 갑각류나 조개나 바지락 같은 어패류도 먹을 수 없다. 달걀 중에서도 무정란은 먹을 수 있지만, 유정란 같은 경우는 생명이 부화할 수 있는 달걀이라고 해서 금지되어 있다. 먹을 수 있는 소고기, 양고기, 염소 고기 같은 것들도 피가 조금이라도 남아 있으면 부정한 것으로 취급되어, 생고기라도 피가 안 나올 때까지 복잡한 과정을 거쳐 처리해야만 먹을 수 있다.

구약 성경의 음식 규정은 당시 중동 지방의 날씨와 환경, 위생 조건 등 종합적인 상황을 고려하여 하느님의 뜻으로 선포된 것이다. 떠돌아 다녀야 하는 유목민의 생활환경과 밀접한 연관이 있다는 뜻이다. 그런 환경에서 돼지 사육은 실제로 어려운 일이기 때문이다. 소와 양은 풀을 먹지만 돼지는 곡식을 먹는다. 소처럼 경작에 이용되는 것도 아니고 염소나 양처럼 젖을 주는 것도 아니다. 사람이 먹는 것과 같은 음식을 먹기에 돼지를 기른다는 건 당시에 사치였을 것이다. 더구나 중동의 더운 날씨에 돼지는 땀샘이 거의 없기에 체온 조절이 안 되어 생존이 힘들다. 이런 것을 종합적으로 고려하여 피해야 할 짐승으로 낙인찍었을 것이다. 그러나 예수 시대 가나안 사람들은 돼지고기를 먹었고, 돌아온 탕자는 객지에서 돼지치기를 했다(루카 15,15). 예수가 악령을 쫓아내자 그들이 돼지 떼 속으로 갔다는 기록도 있다(마르 5,13). 전통 유다인만 먹지 않았던 것이다. 그러나 초대 교회는 "하느님께서 깨끗하게 만드신 것을 속되다 하지 말라."(사도 10,15)는 말대로 그런 규정을 넘어섰다. 예수가 "먹보요 술꾼"으로 불리며 어떤 사람의 초대에도 응하고 어울린 것을 보면, 어떤 음식이라도 가리지 않았을 것으로 추측된다. 이런 예처럼, 말씀이 나온 상황과 정신을 고려하여 지금에 맞는 하느님의 뜻을 찾아 응답하는 길이 바르게 성경을 대하는 자세일 것이다.

b. 문자주의를 넘어선 성경 읽기

성경의 문자주의 오류에 빠지는 경우가 종종 있기에, 이와 연관이 있는 몇 가지 예를 좀 더 들어보겠다. 어떤 종파는 "어떤 형상으로도 우상을 만들어 타락하지 않도록 하여라."(신명 4,16)라는 말씀을 근거로 사진 찍는 것을 거부한다. 또 다른 종파는 "어떤 일이 있어도 피는 먹어서는 안 된다. 피는 생명이고 ……"라는 구절 때문에 헌혈과 수혈, 군 입대를 거부한다. 성경을 문자 그대로만 받아들이고 집착하여 생기는 일이다.

아담의 갈빗대 이야기(창세 2,21-25)도 마찬가지이다. 1543년 현대 해부학의 창시자인 안드레아스 베살리우스Andreas Vesalius가 남녀는 같은 24개의 갈빗대 숫자를 가지고 있다고 말하자 논란이 벌어졌다. 하느님이 남자의 갈빗대에서 여자를 만드셨기에 베살리우스의 주장은 믿음이 없는 불경한 것으로 여겨졌기 때문이다. 남자의 갈빗대에서 여자가 나왔기에 남자가 우월하다는 주장도 잘못된 해석의 예이다. 갈빗대는 단순한 신체의 일부가 아니라, 가장 소중한 생명을 보호해 주고 가까운 동반 관계를 뜻하는 말이기 때문이다.

극단적 문자주의에 빠지는 것은 성경 말씀에 따라 제대로 살아가는 것과 거리가 멀다고 할 수 있다. 또한 성경으로 자신을 바라보려 하지 않고, 남에게 적용하고 가르치는 도구로 사용할 때 하느님의 이름을 이용하는 독선에 빠질 수 있다. 히틀러를 비롯한 많은 독재자들이 성경 말씀을 인용하여 자신들의 주장을 합리화한 것처럼, 자신의 이익을 위해 아전인수我田引水 격으로 사용하면 문제가 생길 수 있다. 이럴 경우 성경은 자신은 물론, 다른 사람의 생명과 자유를 위협하는 도구가 될 수 있다. 성경을 존중하되 문자에만 얽매이지 않고, 성령의 가르침을 통해 하느님의 뜻을 찾아낸 예수의 성경 읽기를 생각해 볼 필요가 있다.

"'살인해서는 안 된다. 살인한 자는 재판에 넘겨진다.'고 옛사람들에게 이르신 말씀을 너희는 들었다. 그러나 나는 너희에게 말한다. 자기 형제에게 성을 내는 자는 누구나 재판에 넘겨질 것이다."(마태 5,21-22)

예수는 구약 성경의 구절을 단번에 말할 정도로 가까이 하였으나, 글자에 집착하지 않았다. 오히려 성경을 대하는 사람의 환경과 처지, 관점, 정신적 성숙도에 따라 더욱 깊은 의미를 찾아 해석하였다.

성경은 과거에 고정되어 있는 유물이 아니고 '지금 여기에서' 하느님이 말씀하시는 생명의 책이다. 우리를 구속하는 굴레가 아니라 성경을 통해 하느님이 주신 자유로움과 참행복을 맛볼 수 있었으면 한다. 이것이 성경 말씀대로 제대로 믿고 살아가는 삶일 것이다.

3) 어떻게 기도해야 하나?[35]

우리에게는 하느님을 올바로 알고 싶어 하는 열망과, 마음속에서부터 올라오는 어떤 의문이 공존한다. 바로 "어떻게 하느님이라는 분과 교류할 수 있을까?" 혹은 "어떻게 기도해야 하나?" 하는 질문이다. 간절한 기도를 바쳐 본 이라

---

35 한광석, 《기도의 ABC》, 가톨릭출판사, 2014(3). 19~45 참조.

면 "만약 하느님이 계신다면 나의 이 기도를 왜 들어 주지 않으실까?"라는 의문이 든 적이 있을 것이다. 이는 깊은 상처로 남아 하느님으로부터 멀어지도록 하는 또 다른 원인이 되기도 한다.

먼저 '기도를 어떻게 해야 하는가?'라는 질문이 생긴다면 잠시 생각해 보자. 이는 '사업이 성공하려면 어떻게 해야 하나?' 혹은 '어떻게 하면 행복해지나?'라는 질문과 비슷하다. 사업이 성공하거나 행복이 커지는 방법을 찾는 질문은 결과에 중점을 둔 것이다. 그렇다면 하느님이 단순히 나의 소원 성취를 이뤄 주는 분일까? 그리스도인으로서 기도한다는 것은 세상에서의 성공을 바라는 것이 아니라, 삶의 모든 순간과 의미를 신앙의 눈으로 바라보려는 것이다. 따라서 '어떻게 기도를 해야 하는지'를 알기 위해서는 '기도가 무엇인지'를 물어야 한다. 그리고 그에 대한 답을 알기 위해서는 우리가 믿는 '하느님이 어떤 분이신지'를 먼저 알아야 한다. 우리가 기도하는 대상, 곧 '내 기도를 들어 주실 하느님이 과연 어떤 분인가?'

그리스도교는 하느님에 대해 무엇이라고 이야기할까?

그리스도교 신앙의 핵심을 모아 둔 사도 신경은 "전능하신 …… 창조주"라고 시작하며, 삼위일체(Trinitas, 三位一體)의 하느님을 고백하고 설명한다. 하느님은 성부聖父 · 성자聖子 · 성령聖靈의 세 위격位格을 가지며, 이 세 위격은 동일한 본질을 공유하고 유일한 실체로서 존재한다는 어렵고 복잡한 가르침이다. 이런 하느님에게 다가가기 위해 성부 하느님부터 살펴보도록 하자.

a. 성부 하느님

그리스도교의 핵심 가르침은 하느님이 '사랑 그 자체'이신 분이기에 홀로 고립되어 있지 않고, 넘치는 사랑으로 '무無'에서 세상과 인간을 비롯한 생명체를 만드셨다는 것이다. 과학자들도 생명을 만들려는 시도를 실험실에서 하고 있지만, '유有'에서 복잡한 다른 '유有'를 만드는 작업은 무無에서 유有를 만드는 하느님의 창조와는 다르다. 사랑의 행위인 창조는 일회적으로 끝난 것이 아니라, 지금도 우주라는 시간과 공간 안에서 계속 완성을 향해 진행되고 있다. 물론 현대 과학에서 말하는 138억 년 전 빅뱅Big Bang이 있기 이전에도 하느님이 계셨다. 빅뱅으로 시작된 창조 사건이 진화라는 과정을 통하여 어떻게 진행되는지는 과학의 도움으로 알 수 있다. 그리스도교는 빅뱅을 있게 한 원초적인 손길이 바로 '인간에 대한 하느님 사랑의 최초 행위'라고 본다.

이렇게 당신의 넘치는 사랑을 먼저 직접 표현하신 하느님은 생명력이 넘치는 분이시다. 역동적으로 살아 계신 분이기에 먼저 당신 사랑을 표현하신 것이다. 그 사랑의 완성은 당신의 창조물이 사랑으로 충만해지는 것, 곧 구원이다. 구원에 우리를 초대하신 "하느님께서 사람을 창조하시던 날, 하느님과 비슷하게 그를 만드셨다."(창세 5,1) 그래서 우리 인간은 하느님을 닮은 존재가 되었다. 우리를 사랑하시어 세상을 만들고 구원하신 하느님을 우리는 '아빠, 아버지'라고 부르며 기도한다. 이는 하느님이 나를 먼저 알아보시고, 나보다 나를 더 잘 아신다는 것을 전제한다. 그래서 기도는 나의 모든 것을 아시며 나를 사랑하는 존재 앞에 서는 것이다.

하느님을 아버지로 고백하는 그리스도교 신앙이 다른 종교와 구별되는 점은, 우리가 믿는 하느님이 초자연적인 기운으로 한정되지 않는 인격적인 분이라는 점이다. 따라서 그리스도교의 기도는 수행을 통하여 인간의 한계에 도달하거나, 기氣를 통해 치유를 받거나, 정신적 능력의 극대화를 통하여 초능력을 획득하는 수단과 혼동될 수 없다. 오히려 세상과 인간을 선Good하게 만드신 분에게 나의 생각과 말과 행동이 당신의 뜻에 맞고 공동선The Common Good에 기여하게 해 달라는 기도가 우선이지 않을까? 나와 내 자녀가 시험에 합격하는 것이 더 열심히 한 누구를 떨어뜨리는 결과를 낳는다면, 무조건 합격하게 해 달라는 기도는 좋은 기도가 아니지 않을까? 물론 기도가 언제나 합리적일 수 없고 어느 정도 기복적祈福的인 것이 자연스러운 일이다. 하지만 늘 나의 좋은 일과 복을 구하는 기도에만 머무는 것은 합당한 기도가 아니다. 최선을 다한 다음에 모든 결과를 겸허히 받아들이게 해 달라는 기도, 열심히 노력한 사람이 좋은 결과를 얻을 수 없는 세상의 불의한 구조 앞에 깨어 있길 청하는 기도가 더 성부 하느님께 맞는 기도일 것이다.

b. 성자 하느님

그리스도교는 유다교와 구약 성경을 공유하지만 두 종교에는 근본적인 차이점이 있다. 그리스도교는 2천여 년 전 우리와 똑같은 모습으로 이 세상에 오시어 가르침을 남기신 '예수'를 우리의 '그리스도'이고, 구원자이시며 주님이시기에 성자 하느님이라고 고백한다. 이것을 받아들이느냐 아니냐가 두 종교의 결정적인 차이다. 우리는 예수의 탄생과 가르침, 죽음과 부활이 성부 하느님의 창조, 구원, 종말론적 완성의 지평에서 전개되었음을 믿는다. 나아가 예수의 삶과 가르침을 성령의 영감Inspiration으로 기록한 책을 성경으로 받아들이고 '제자 됨'을 약속했다. 기도는 이러한 믿음 위에서 성부께 성자이신 예수의 이름으로, 예수를 통하여 드리는 것이다.

따라서 예수의 탄생과 가르침이나, 죽음과 부활의 지평과는 무관하게 오직 나만을 위한 기도는 그리스도교적인 기도라고 보기 어렵다. 성경을 묵상하며 예수의 삶을 기억하고 제자 됨을 끊임없이 다짐하는 가운데, 하느님 나라가 이 땅에 오시기를 기도하는 것이 그리스도인다운 기도이다. 때문에 우리의 기도는 "아버지의 이름이 거룩히 빛나시며, 아버지의 나라가 오시며 아버지의 뜻이 하늘에서와 같이 땅에서도 이루어지소서."에서 시작한다. 만약 하느님이 반드시 들어 주실 강력한 기도를 찾는 사람이 있다면, 자신이 어떤 기도를 드리는지 종이에 써 보자. 그리고 그 기도가 사랑이신 하느님, 그리고 세상을 사랑하시어 나약한 인간의 모습으로 십자가에서 고통받으신 하느님에게 드리는 기도인지 돌아보기를 권한다. 혹시 죽음을 이기고 부활하신 예수의 능력만을 바라보고 기도했다면, 주님의 기도를 천천히 드리면서 사랑의 하느님에게 예수의 제자로서 응답한 순간을 다시 떠올릴 수 있기를 바란다.

성부 하느님께 드리는 기도는 성자 예수 그리스도를 통하여 그리스도와 함께, 그리스도 안에서 바쳐지는 것이다. 그러므로 살아가면서 주어진 십자가의 고통을 없애 달라는 하소연보다는 고통을 더 잘 받아들일 수 있게 용기를 달라는 기도가 더 좋을 것이다. 현세에서의 편안함, 물질적 풍요로움, 명예, 성공, 건강, 행복만을 추구하며 경쟁에서 이기려는 자세보다는, 하느님 나라를 선포하며 사셨던 예수를 생각하며 세상 안에서 하느님의 뜻을 찾게 해 달라는 것이 더 알맞은 기도이지 않을까?

c. 성령 하느님

예수는 기도에 대해 "하느님은 영이시다. 그러므로 그분께 예배를 드리는 이는 영과 진리 안에서 예배를 드려야 한다."(요한 4,24)라고 말했다. 원래 '영'은 '바람' 혹은 '숨'을 말한다. 하느님의 영을 바람에 비유한 것은 물질로 오해하지 않게 하려는 것이다. 하느님은 우리에게 영으로 다가오신다. 온 우주에 충만하신 '하느님의 숨'이 바로 성령 하느님이다. 사람도 살아 있는 영을 나눠 받은 존재이다. 그래서 성령을 통하여 아버지 하느님과 사귀고 친교를 나눌 수 있다. 그러나 우리가 하느님의 현존을 가까이 경험하지 못하는 이유는 무엇일까?

어디에나 바람처럼 계시는 성령이 유독 우리 곁에만 계시지 않아서 느끼지 못하는 것은 아닐 것이다. 그보다는 우리가 성령의 현존을 느낄 수 있을 만큼 예민하지 않다는 것이 문제이다. 먼지가 쌓이거나 깨진 거울이 얼굴을 제대로 비추지 못하듯, 더럽혀진 마음으로는 하느님을 비추기 어렵기 때문이다. 마더 데레사 성녀는 '입의 침묵'으로 시작하여 '눈의 침묵', '몸의 침묵', '생각의 침묵', '마음의 침묵'으로 이어가면 기도하는 사람의 영혼이 침묵 상태에서 하느님의 현존을 느낄 수 있다고 했다. 침묵은 분명 정적이고 고요한 상태이다. 그러나 그것을 넘어서는 역동적 고요가 있다는 것을 느끼면서 계시는 듯하지만 계시지 않으며, 계시지 않는 듯하지만 계시는, 그 오묘한 성령의 움직임에 민감해진다.

그리고 기도하고 침묵하려 노력하지만, 온전히 나 혼자서 해 나가고 있는 것이 아님을 어렴풋이 느끼게 된다.

기도는 성령의 현존에 온전히 침잠된 상태에서 영혼으로 성령의 활동을 느끼는 은총의 시간이다. 장황하게 이것저것을 청하고, 자신을 힘들게 하거나 미운 사람을 욕하고, 아무 생각 없이 기도문의 내용만 반복하는 것은 상대방의 말을 듣지 않고 내 말만 하는 것과 같다. 이런 기도 후에 느낌이 없다고 말하면서 한층 더 강력한 기도문을 찾는다면, 큰 소리로 떠들면서 다른 사람의 말을 듣지 못했다고 불평하는 것과 다르지 않을 것이다. 따라서 기도의 출발은 비움과 고요를 성령께 청하는 것이다. 많이 청하기보다 많이 비우고 고요해지는 노력을 하는 것이 기도의 첫 훈련일 수 있다. 소원을 말하기보다 침묵 가운데 사랑의 하느님이 나를 온전히 사로잡고 내게 일어나는 일의 의미를 알게 해 주시길 청하며, 내 안에서 친히 활동하시기를 기다리는 시간을 경험하는 것. 이것이 바로 진정한 기도이기 때문이다.

하느님은 성부 · 성자 · 성령의 상호 일치와 사랑과 친교와 나눔 안에서 하나가 된다.

성부 · 성자 · 성령의 삼위일체이신 하느님은 각각의 역할을 담당하면서 동시에 다른 위격의 활동에도 참여하는 '하나의 친교 공동체'로 존재하신다. 그리스도인의 기도는 삼위일체이시며 교회를 통하여 활동하시는 하느님과 떼려야 뗄 수 없는 관계이다. 이렇듯 기도와 하느님을 이해하는 것은 동전의 앞뒤 면과 같다. 서로 깊게 관련되어 있어서, 만약 한쪽을 잘못 파악하면 다른 쪽도 제대로 이해할 수 없게 되기 때문이다.

물질주의가 팽배한 현대에도 '돈'과 '성性'의 결합으로 나타나는 건강하지 않은 기도가 넘쳐 나고 있다. 골치 아픈 죄의 문제보다는 쾌락의 극대화와 고통의 극소화를 추구한다. 현세의 축복만을 바라는 물질주의가 점점 심각해지며 당장의 문제 해결, 질병의 치유, 사업의 성공 등을 위해 기도하는 것에만 열중한다. 구조적 부조리에 대해서는 침묵하면서 개인 차원의 치유와 처세와 내적 평화만을 강조하곤 한다. 이때 신은 마치 인공 지능처럼 우리의 요구를 전달받아 작동되는 존재, 혹은 〈알라딘〉에 나오는 힘세고 전능한 요정 지니처럼 기계적으로 욕구를 채워 주는 존재가 되어 버린다. 이런 비인격적이고 기계적인 인과율을 만들어 내는 신은 그리스도교가 말하는 신이 아니다. 인간과 세상에 대한 하느님의 무조건적인 사랑은 인과율을 초월한다. 하느님은 인간을 당신의 들러리가 될 도구로 만든 것이 아니라, 당신을 부인할 수 있는 자유 의지까지 가진 소중한 인격체로 만들어 주셨다. 기도는 하느님과 신앙인인 우리가 맺는 인격적 관계이며, 더욱더 세심하게 그분의 현존과 활동을 인지하고 그 뜻에 순응하는 것이다.

따라서 응답받지 못하는 기도란 존재하지 않는다. 하느님은 잘못된 요구를 하는 기도에는 응답을 참으시고, 올바른 것을 구할 때까지 기다려 주신다. 또 아직 때가 이르지 않은 기도에는 천천히 응답하거나 우리가 스스로 성장할 기회를 주시며 기다리신다. 그러나 올바른 기도에는 적절히 응답하신다. 응답이 진행 중이거나 '응답을 안 하고 기다려 주는 것'도 인격적인 하느님의 응답 방법 중 하나인데, 사람의 편에서 '응답이 없다'고 생각하는 것일 뿐이다.

함께 읽으면 좋을 책

현대여성신학
강남순, 대한기독교서회, 1994.

인문학으로 읽는 기독교 이야기
손호현, 한들, 2008.

예수
송봉모, 바오로딸, 2019.

예수는 없다
오강남, 현암사, 2003(27).

믿음의 역동성
폴 틸리히 지음, 최규택 옮김, 그루터기하우스, 2005.

기도의 ABC
한광석, 가톨릭출판사, 2014(3).

왜 그리스도인인가?
한스 퀑 지음, 정한교 옮김, 분도출판사, 1982.

◇
쉬어 가기

기도를 방해하는 요소들[36]

마음속에서 진정한 것을 찾고 올바르고 의미 있는 것을 추구함에도 불구하고, 성숙한 기도를 할 수 없는 현실적인 삶의 요소들을 살펴보고자 한다.

1. 빨리빨리 풍조

우리 일상을 바라 보면 모든 것이 너무나 빠른 속도로 진행되고 있다. 특히 한국인은 식당에 가서도 빨리빨리, 길을 걸을 때도 빨리빨리, 일을 처리하는 것도 빨리빨리, 인터넷 속도도 빨리빨리······. 느리면 모든 경쟁에서 뒤처지는 초고속 사회 안에 살고 있다. 하지만 잊지 말아야 할 중요한 것이 있다. 모든 것이 분주하게 효율성만을 찾아 움직이는 일상에서는 삶의 본질적 의미와 가치를 쉽게 잊어버리거나 상실할 수 있다는 것이다.

---

36 심종혁, 《영성생활이란 무엇인가?》, 이냐시오영성연구소, 2011, 10~21 참조.

2. 소비 풍조

현대의 자본주의를 표현하는 대표적인 모습은 소비 풍조이다. 유행과 새 상품에 민감히 반응하지만, 아끼고 나누는 것은 더 이상 미덕이 아닌 세태로 바뀌어 가고 있다. 가난한 집안에서 자라 아끼는 것을 훈련받은 앞선 세대도 이제는 점점 소비를 미덕으로 여기는 분위기이다. 꼭 필요한 것이 아니라도 유행이나 만족감을 주는 것이면 쉽게 주문하고, 신상품이 아닌 것에는 오랜 미련을 갖지 않는 것이 요즘의 소비문화이다. 이런 소비 풍조는 물건을 넘어 인간관계, 결국 하느님과의 관계까지 부정적 영향을 줄 수 있다.

3. 유행처럼 하는 봉사 활동

우리 시대를 반영하는 또 다른 모습은 봉사 활동이다. 봉사 활동이 일종의 유행처럼 행사치레로 바뀌어, 참다운 의미를 잃고 있다. 가난하고 어려운 처지에 있는 이들을 위해 기꺼이 자신의 시간을 내어 정성껏 돕는 것은 진정으로 아름답고 가치 있는 일이다. 그러나 봉사 활동이 그저 행사치레로만 여겨진다면 곤란하다. 본당의 여러 신심 단체나 사회 단체에서 봉사 활동을 정기적으로 하지만, 대부분 업적 위주로 끝나 버린다. 학생들의 봉사 활동도 별로 다르지 않은 것 같다. 정기적으로 봉사하지만, 시간만 때우거나 경력 쌓기에 이용하는 경우도 많다. 유행처럼 휩쓸려서 하는 행동이나 자신의 이익을 위해 힘없는 이웃을 이용하는 봉사 활동으로 덕을 쌓은 것처럼 착각하는 행태에서는 진실한 관계가 만들어지기 어렵다.

4. 원만한 인간관계를 맺지 못하는 태도

우리는 이웃과 원만하고 좋은 관계를 맺고 싶어 한다. 그러나 이런 갈망과는 다르게 관계를 깨고 일그러트려 받은 상처에 고통스러워하는 사람이 많다. 가까운 이웃들과 올바르고 건전한 관계를 맺는 것이 결코 쉽지 않기 때문이다. 인터넷을 통해 혼자만의 시간을 보내는 사람의 수도 늘어 가고 있다. 반대로 자신의 진로나 결정을 부모가 가르쳐 주는 대로만 수동적으로 따르며 살아가는 젊은이도 많아지고 있다. 이렇게 자존감이 결여되어 혼자만의 세계에 파묻히거나, 다른 사람에게 지나치게 의존한다면 건강한 삶을 살아가기 어렵다.

5. 용하다는 것에 마음을 빼앗김

어느 신자에게 유명한 불교 스님들의 강의와 저서가 마음에 와 닿아서 성당에 다니기 싫어진다는 고백을 들은 적이 있다. 베스트셀러 작가인 스님들의 영향력을 몸소 느낄 수 있었다. 물론 그분들이 우리 사회에 주는 감동과 희망적인 메시지를 부정하고 싶지는 않다. 그러나 대부분의 베스트셀러가 공동체의 선을 증진시키고, 악에 대항하여 함께 행복하기보다는 개인의 평화와 행복을 유지하는 마음을 강조하는 경향이 있다는 사실을 알았으면 한다. 그리스도교가 하느님 은총 안에서 고통을 받아들이며 그 의미를 찾는 반면, 불교는 인간의 노력으로 고통과 번뇌에서 벗어나는 깨달음과 행복을 추구한다. 곧 개인의 행복을 위한 구체적 마음가짐과 명상 등 자기 계발을 강조하기에 쉽게 와 닿을 수 있지만 더 큰 행복을 주는 은총의 영역이 부재하는 것이다.

가톨릭 안에서도 좋다고 소문이 난 유명 강좌에 신자들이 몰려들곤 한다. 많은 신자들이 마음속 깊숙한 곳에서는 진정 의미 있는 것을 추구하지만, 그것이 어떤 것인지 모른 채 이곳저곳을 다닌다. 강의를 듣는 순간에는 무언가 의미를 찾는 듯하다. 그러나 시간이 지나면 자신을 채워 줄 무언가를 다시 찾아다니게 된다. 이런 사람들은 진정한 행복과 의미를 개인의 안녕과 내적 평화로만 생각한다. 자기 자신 안에서 답을 찾지 못하여 영적인 갈증을 느끼는 것이다. 그들은 이 갈증을 자기 자신이 아닌, 밖에서 해소하려 한다.

아우구스티노 성인은 《고백록》에서 "늦게야 주님을 사랑했습니다. 이렇듯 오랜, 이렇듯 새로운 아름다움이시여. 늦게야 당신을 사랑했습니다. 내 안에 임이 계시거늘 나는 밖에서, 나 밖에서 임을 찾아 당신의 아리따운 피조물 속으로 더러운 몸을 쑤셔 넣었사오니! 임은 나와 같이 계시건만 나는 임과 같이 아니 있었나이다."라고 말한다. 이렇게 이미 모든 것이 담겨 있는 자신이 아니라, 자신 밖에서 답을 구하고 용한 것을 찾으려는 차원을 넘어서야 더 깊은 성숙으로 나아갈 수 있을 것이다.

6. 일회용 해답

즉각적이고 일회용의 해답을 추구하는 태도도 마찬가지이다. 무엇을 찾으면 금방 답이 나와야 되고 즉시 해결해야 한다. 그러니 기도할 때도 인내심이나 기다림보다는 금방 응답을 찾는다. 그러다 보니 점점 감각에 만족을 주는 자극적이고 강한 것을 원하게 된다. 사실 기도는 점점 더 깊은 차원으로 들어갈수록 어떠한 것이 느껴지기보다는 무미건조한 침묵의 시기를 거치게 된다. 이 과정에서 어떠한 즉각적인 응답을 바라는 것은 하느님과 나 사이의 관계보다는 나 자신의 이익만을 청하는 것이다. 기도 생활에서 중요한 것은 기적이 바로 일어나는 것이 아니라, 기다림과 인내심이라 할 수 있다. 이냐시오 데 로욜라 성인은 여러 가지를 한꺼번에 이루려는 사람들에게 "지금 네가 해야 할 것, 바로 그것을 하라."는 지혜를 일러 주었다. 우리는 분명 완전한 덕을 찾고자 하지만, 기다림과 인내라는 덕이 없기 때문에 철새처럼 이곳저곳에 마음을 빼앗기고 마는 것이다.

7. 권위에 기댐

우리는 자신의 내면에서 들려오는 부르심이나 생각들에 대하여 외부의 어떤 권위로부터 확인받고 싶어 하는 경향이 있다. 내면에서 들려오는 희미한 생각, 어렴풋이 떠오르는 권고에 어떤 때는 자신이 있지만 정확히 무엇인지 모르기 때문이다. 그래서 권위 있는 누구에게서 확인받고 싶어 한다. 하느님은 분명 우리의 마음 저 깊은 곳에 머무르시면서 마음을 움직이신다. 그 음성은 비록 희미하지만 마음의 진정한 갈망을 담고 있는 소리이다. 살다 보면 예, 아니오가 분명한 것도 있지만, 그렇지 않은 것이 더 많다. 이런 어려운 상황에서 내 양심의 소리에 귀 기울이며 하느님 안에서 최선을 다하는 것보다 의미 있는 일이 있을까? 늘 맞는 답, 나에게 이익이 되는 확실한 답을 찾기보다는 마음을 내려놓고 비워 가기를 배우도록 하자. 그 양심 안에서 그분이 함께해 주시길 청하며 묵묵히 나아가는 것이 더 지혜로운 일일 것이다.

4장

돈이 최고인 시대에
하느님의 자리는?

어느 방송사에서 한 재벌의 이야기를 집중적으로 보도한 적이 있다. 회사의 대표가 50대 운수 노동자를 폭행한 사건이었다. 재벌 2세인 그 대표는 "한 대에 1백만 원이다."라며 화물연대 소속의 탱크로리 운전기사와 그 차에 야구 방망이를 휘둘렀다. 그런 후 피해자에게 맷값 2천만 원과 찻값 5천만 원을 지급했다. 목격자인 회사 직원들은 그 상황을 그저 지켜만 보고 있었을 뿐이었다. 이 사건은 '돈이면 뭐든지 된다'는 극단적인 사고를 보여 주는 예이다. '유전무죄, 무전유죄'라는 말에 이의를 제기할 사람이 없을 정도이다. 이 사건은 우리 사회를 반영해 주는 슬픈 현실 중 하나이다. 이것이 우리나라만의 현실일까?

대한민국은 일명 '자살 공화국'이라 불릴 정도로 13년간 경제협력개발기구 OECD 가입국 중 자살률 1위라는 오명을

쓰고 있다. 20대의 사망 원인 1위로 나온 자살의 이유가 경제난, 취업, 우울증 등의 이유인 것을 보면 자살과 돈의 연관성도 매우 깊다고 할 수 있다.

그럼, '한국이 경제적으로 가난한 나라인가?'라는 질문을 자연스레 하게 된다. 2018년 세계은행WB에 따르면 한국의 국내총생산GDP는 1조 5308억 달러를 기록하며 전 세계에서 12위를 차지했다. 미국, 중국, 일본, 독일, 영국, 인도, 프랑스, 브라질, 이탈리아, 캐나다 등의 뒤를 이은 순서이다. 세계경제포럼WEF이 발표하는 국가 경쟁력 평가 결과에서도 한국은 140개국 중 15위를 차지했다. 사실 텔레비전, 냉장고, 세탁기 등의 가전제품은 물론이고 자동차까지 갖추지 않은 가정은 거의 없다고 해도 과언이 아니다. 과거보다 엄청난 물질적 풍요를 누리고 있는데도, 왜 가난하다는 상대적 박탈감 속에 행복을 느끼지 못하며 살아갈까? 우선 기준이 달라졌기 때문일 것이다. 인간의 기본적 욕구가 충족되면, 물질적으로 아무리 풍요로워져도 만족감이 오래 가지 못한다. 복권에 당첨이 되었을 때는 행복감이 매우 높지만, 시간이 지나면 당첨되지 않았을 때와 비슷하게 되어 버린다고 한다. 모두가 풍요로워져도 이를 당연하게 생각하는 경향이 있다. 인간의 욕구는 끝이 없기에, 비교하는 대상들보다 자기 자신만이 수준이 높아야 만족하기도 한다.

특히 한국은 가난한 상태에서 비약적 발전을 이룬 예외적인 나라이기에, 만족을 모르고 끊임없이 결핍을 채우려는 면이 더 심한 것 같다. 몇 년 전, 뉴욕에서 한국인 교포 사목과 미국인 현지 사목을 같이 하는 한국계 미국 신부를 만나 이야기를 나눈 적이 있다. 뉴욕시 외곽으로 나름 부유한 동네에 자리한 성당의 주임 신부였는데, "한국인들이 이해가 안 간다."는 말을 했다. 이유를 묻자, 한국 신자들은 소위 학군이 좋다는 그 동네에 살기 위해 주로 빚을 내어 큰 집과 비싼 자동차를 사서 타고 다니면서 "힘들다."는 말을 달고 산다고 했다. 자신의 처지에 맞는 동네로 이사를 가거나, 집을 줄이거나, 비싼 자동차를 타지 않거나, 사교육비를 줄이면 될 텐데 그렇게 하지 않는다는 것이다. 그는 한국계 2세로서 한국 신자들이 자신이 갖지 못한 것을 무리해서 가지려 하면서 쫓기듯 살아가는 모습을 안타까워했다.

남들 보기에 좋은 동네, 좋은 차, 좋은 학교에 집착하면서 자신의 '있음'을 드러내고, 계속되는 소유를 통해 욕망을 채워 가려는 강한 성향은 스스로를 우울하게 만들고 병들어 가게 하는 망국병이 되어 가는 것 같다. 이런 국가적 현상에 과도하게 노출되어 있는 그리스도인들의 올바른 자리매김을 위해 윤리학자인 피터 싱어Peter Singer가 말하는 돈과 신앙에 대한 역사[37]를 살펴보는 것은 의미가 있을 것이다.

---

[37] 피터 싱어 지음, 노승영 옮김, 《이렇게 살아가도 괜찮은가》, 시대의창, 2014. 97~134 참조.

1) 고대와 중세의 돈과 신앙

서양 사상의 뿌리인 고대 그리스의 많은 철학자 중 누구도 재물을 얻는 것을 성공으로 여기지 않았다. 플라톤은 《국가》에서 이상적 공동체를 제시하며 이 공동체가 세 개의 계급인 통치자(철인), 수호자(군인), 생산자(노동자)로 이루어져 있다고 했다. 여기서

플라톤(Plato, 기원전 428년/기원전 427년 또는 기원전 424년/기원전 424년~기원전 348년/기원전 347년)은 그리스의 철학자이자 사상가이다.

생산자 계급만이 재물을 축적할 수 있고, 통치자와 수호자 계급은 집을 소유할 수 없어 공동생활을 해야 했다. 돈 때문에 부패하면 공동체를 현명하고 공정하게 통치할 수 없기 때문이다. 이 유토피아적인 구상은 아테네의 현실을 도외시한 것이지만, 물질에 대한 당시 철학의 입장을 대변하는 것이기도 했다. 반면, 그의 제자인 아리스토텔레스는 현실적으로 소유의 즐거움과 정당함을 인정하였다. 그는 미다스

〈그리스도의 성전 정화Christ Driving the Money Changers from the Temple〉, 엘 그레코El Greco, 1568년, 패널에 유채, 워싱턴 국립 미술관, 워싱턴, 미국.

왕의 우화를 예로 들었다. 탐욕스러운 왕은 자신이 만지는 것마다 금으로 변하게 해 달라고 빌었다. 그러자 왕이 입에 넣는 음식마저 금으로 변해서 굶어 죽고 말았다. 왕은 죽으면서 금은보화가 넘쳐도 굶어 죽으면 무슨 의미인지를 물었고, 그러면서 정당한 돈벌이와 부당한 돈벌이를 구분한다. 필요에 충족하기 위해 재물을 취하는 것은 정당하지만, 돈 자체를 취하는 것은 부정한 것이라고 본다. 싸게 사서 비싸게 판다든지 돈을 벌기 위해 거래하는 것은 부당한 것에 해

당한다. 남의 희생을 바탕으로 자신의 이익을 취하기 때문이다. 가장 혐오스러운 일은 돈을 빌려 주고 이자를 받는 고리대금업이다. 아리스토텔레스에게 돈은 교역을 위한 것이지 이득을 취하라고 있는 것이 아니었다. 또한 자식을 낳을 수도 없기에, 돈을 불리는 것은 자연을 거스르는 죄였다.

한편, 구약 성경에도 돈에 대한 가르침이 명확하게 표현되어 있는데 당시 유다교의 입장을 볼 수 있는 대목이다.

"너희는 동족에게 이자를 받고 꾸어 주어서는 안 된다. 돈에 대한 이자든 곡식에 대한 이자든, 그 밖에 이자가 나올 수 있는 것은 모두 마찬가지다. 이방인에게는 이자를 받고 꾸어 주어도 되지만, 너희 동족에게는 이자를 받고 꾸어 주어서는 안 된다. 그래야 주 너희 하느님께서, 너희가 차지하러 들어가는 땅에서 너희 손이 하는 모든 일에 복을 내려 주실 것이다."(신명 23,20-21)

부富는 하느님의 축복이기에 좋은 것이지만, 불의한 부에 대해 정죄하는 이중적 태도를 볼 수 있다. 신약 성경의 예수는 "나의 집은 기도의 집이라 불릴 것이다. …… 그런데 이곳을 '강도들의 소굴'로 만드는구나."(마태 21,13)고 한탄하며,

사고팔며 환전하는 사람들을 비판한다. 한 발 더 나아가 "너희는 원수를 사랑하여라. 그에게 잘해 주고 아무것도 바라지 말고 꾸어 주어라. 그러면 너희가 받을 상이 클 것이다."(루카 6,35) 또한 분명히 "부자가 하느님 나라에 들어가는 것보다 낙타가 바늘귀로 빠져나가는 것이 더 쉽다."(마르 10,25)라며, 하느님과 재물을 함께 섬길 수 없다(마태 6,24)고 말했다.

예수의 가르침이 어떻게 실생활에 적용되었는지를 볼 수 있는 가장 좋은 모델은 초기 그리스도교 공동체이다. 그들은 모든 것을 공동으로 소유하였다.

"신자들의 공동체는 한마음 한뜻이 되어, 아무도 자기 소유를 자기 것이라 하지 않고 모든 것을 공동으로 소유하였다. …… 그들 가운데에는 궁핍한 사람이 하나도 없었다. 땅이나 집을 소유한 사람은 그것을 팔아서 받은 돈을 가져다가 사도들의 발 앞에 놓고, 저마다 필요한 만큼 나누어 받곤 하였다."(사도 4,32.34-35)

초세기에 교회의 신학을 정립해 간 교부(教父)들도 이러한 삶을 가르치고 있다. 가난한 사람에게 자선을 베푸는 차원을 넘어 땅은 모든 사람에게 속하며, 누구도 필요한 것 이상

가질 권리가 없기 때문이다.

  초대 교회의 교부인 니사의 그레고리오 성인은 영혼을 더럽히는 직업 중 하나가 환전이라고 했다. 5세기의 대 레오 교황도 물건을 사고팔면서 죄를 안 짓기는 힘들다며, 교회법에 장사꾼은 하느님을 기쁘게 할 수 없다고 명시했다. 땅을 경작하며 먹고 사는 것은 땀을 흘려 백성을 먹여 살리기에 구원받을 가능성이 크지만, 장사를 하는 것은 죄에 물든 일이기에 구원의 가능성에서 제외된다고 가르쳤다. 1139년에 열린 제2차 라테라노 공의회는 빌려준 돈에 이자를 물리는 것을 수치스런 행위로 비판했다. 1179년에 열린 제3차 라테라노 공의회는 고리대금업자를 공식으로 교회에서 파문하였다. 그래서 그리스도교식의 장례나 매장까지 금지하였고, 그들이 내는 헌금과 헌물도 받아들이지 않았다. 1311년에 열린 비엔나 공의회는 고리대금을 허락하거나 보호한 사람까지 파문하였다. 그래서 그리스도인이라면 대부업에 종사하는 이가 없게 되었다. 이렇게 고리대금업을 금지한 조치는 반유다주의라는 불에 기름을 붓는 결과를 초래하였다. 곧 그리스도인 대신에 유다인이 대부업을 도맡아하게 되면서, 자기 민족의 땅이 없이 기생 민족으로 불리며 갖은 설움을 받던 유다인들은 대부업자로 멸시를 더 받았기 때문이다. 셰익스피어의 《베니스의 상인》에서 악랄한 고리대금업자인 샤일록이라는 유다인이 등장하는 것도 이 같은 맥락이라 할 수 있다. 토지를 소유하지 못하고 상공업에 종사하지도 못하면서 자신들만의 게토ghetto에 모여 살던 유다인이 할 수 있는 것은 혐오의 대상인 고리대금업 밖에 없었던 것이다. 한편, 13세기의 신학자인 토마스 아퀴나스 성인은 '생활고를 이유로 재물을 훔치는 것이 정당한가?'라는 질문을 제기한다. 그는 절박한 상황에서 남의 재물을 훔치는 것은 무방하다는 주장을 했다. 이는 개인의 소유권은 인정하지만 궁핍하게 사는 이웃이 있는데 재물을 쌓아 두는 것은 어떻게도 정당화될 수 없다고 밝힌 것이다.

그리스도교의 첫 천 년 동안 악덕 중에 으뜸은 교만이었다. 그러나 상업이 발달하면서 그 자리를 탐욕의 직업인 고리대금업이 차지하였다. 악취를 풍기는 돈을 불리는 것은 거룩한 그리스도교와 어울리지 않았기 때문이다. 그래서 그리스도인들이 돈을 버는 것은 수치스러운 일에 속하였다.

예수의 죽음과 부활 이후, 예수를 잘 따르는 것은 순교의 삶이었고 수도자나 성직자가 되는 삶이었다. 무소유가 소유보다 우위를 차지하여 청빈淸貧과 금욕주의禁慾主義가 이 시대를 지배하던 가치였다. 이는 대표적으로 '제2의 그리스도'라고 불리는 아시시의 프란치스코 성인과 그 공동체가 청빈 서약을 하고 모든 재산권을 포기하는 삶을 살았던 것에서도 알 수 있다.[38]

2) 종교 개혁가들의 돈과 신앙

그럼에도 중세 유럽에서 상업에 종사하는 계급의 영향력이 커지면서 돈벌이를 바라보는 그리스도교의 시각이 흔들리기 시작했다. 이에 결정적인 요인으로 작용을 한 것은 프로테스탄티즘의 등장이다. 마르틴 루터Martin Luther는 부패한 성직자가 하느님과 신자의 관계를 막는 장벽이라며, 교회의 위계 제도를 비판하였다. 성직자는 하느님의 부르심을 받았

---

38 피터 싱어 지음, 함규진 옮김, 《물에 빠진 아이 구하기》, 산책자, 2014(11), 41.

지만 평신도는 원죄 때문에 노동의 의무를 진다는 전통적 주장을 반박하며, 모든 사람이 소명을 받았다고 주장했다. 이는 장사가 본질적으로 부끄러운 일이며 장사꾼은 구원받기 힘들다는 통념을 무너뜨리는 주장이었다. 이는 부와 경제력을 소유한 당시의 중간 계층으로부터 지지를 이끌어 내는 계기도 되었다. 장 칼뱅Jean Calvin은 상업을 대하는 전통적 태도를 가장 철저하게 바꾼 인물이다. 하느님의 은총으로만 구원받을 수 있다는 '예정설'을 주장하며, 은총을 받았는지는 부와 세속적 성공 여부를 보면 알 수 있다고 하였다. 부가 구원받을 가능성을 낮추는 것이 아닌, 도리어 구원의 징표가 된다는 획기적인 주장이었다.

봉건제의 쇠퇴, 도시의 발달, 상인과 수공업자의 자유로운 거래 등으로 돈이 필수 수단으로 되면서 고리대금업을 금지하는 교리를 고치자는 주장이 나오기 시작했다. 칼뱅은 고리대금업은 이웃에게 피해를 줄 때만 죄가 되며, 양심에 맡겨야 할 문제라고 하였다. 더 이상 가톨릭교회가 말하는 대로 돈을 버는 일이 수치스러운 것이 아니었다. 돈은 교환의 수단일 뿐이고, 돈을 이용하여 돈을 버는 것은 자연스러운 일이 되어 갔다. 지상의 소명에 대한 루터의 개념과 세속적 부에 대한 칼뱅의 견해는 신교 국가들을 중심으로 급속히 전파되었다. 그중에서도 영국의 엘리자베스 1세 여왕과 성직자들에게도 영향을 미쳤다. 곧 지상의 소명에 부단히 힘써 하느님께 봉사하라는 것이다. 또한 격동기에 영국을 떠나 메이플라워호를 타고 신대륙에 도착한 개척자들에게도 칼뱅주의가 뿌리를 내리게 된다. 낭비와 사치를 배격하고 열심히 일해서 이윤을 추구하며, 그것을 하느님의 뜻으로 받아들이는 청교도 신앙이 미국의 주류 그리스도교로 자리를 잡아가게 된 것이다.

미국의 청교도는 노동이 하느님의 소명이고, 부가 은총의 표징이라는 논리를 잘 받아들였다. 이를 상징하는 인물이 바로 벤자민 프랭클린Benjamin Franklin이다. 그는 철학자이자 과학자였고, 정치인이자 경제인으로 독립선언서 초안을 작성하는 데 참여하기도 하였다. 그의 저서 《부자가 되는 길》은 145회 이상 재출간되었다. 그는 자수성가한 사람으로 "게으름뱅이가 잘 때 고랑을 깊이 파라. 밥상이 푸짐하면 유언장이 빈약하다. 가질 수 있으면 가지고, 한번 가지면 놓지 말라." 등의 내용으로 근면, 절약, 부의 축적의 중요성을 강조하였다. "부자 되세요!"라는 말처럼, 그는 돈 버는 것의 중요성을 강조하여 미국식 자본주의 사고의 형성에 큰 영향을 끼쳤다.

18세기 영국의 애덤 스미스Adam Smith는 《국부론國富論》에서 '보이지 않는 손invisible hand'이라는 이론을 주장했다. 이 '보이지 않는 손'은 경제 체제가 자유로울 때 가격에 의해 자동으로 효율성을 유지하기에, 그는 시장의 기능을 낙관적으로 생각했다.

19세기 독일의 막스 베버Max Weber는 《프로테스탄트 윤리와 자본주의 정신》에서 소유를 윤리적으로 보았고, 칼뱅주의자와 청교도의 윤리가 '자본주의 정신'을 고무했다는 이론을 내놓았다. 칼뱅파가 물질적 성공을 예정된 구원을 받을 가능성의 표지로 해석했기 때문이다. 그들의 자본주의 행위는 돈을 벌기 위한 목적이 있는 동시에, 청교도적 윤리관으로 벌어들인 돈을 낭비하거나 향락용으로 사용하지 않는다는 상관관계를 설명한다. 물론 그의 이론은 가톨릭 문화 기반인 벨기에, 룩셈부르크, 북이탈리아, 독일의 라인란트 지방들이 모두 산업화에 성공했다는 사실과 충돌한다. 그럼에도 막스 베버는 자유 시장 경제와 물질 만능의 사회로 그리스도교를 진입시키는 기초를 제공했다. 이를 바탕으로 부자가 있어야 가난한 사람에게도 이롭다는 자본가 중심의 흐름과, 경제를 살리기 위해 소비하고 또 소비해야 한다는 미덕을 강조하는 현대의 풍조로 이어진다. 이처럼 돈은 성공의 잣대가 되었고, 종교도 세속적 성공을 위한 처세술이나 테크닉을 강조하는 도구로 전락하며 소위 성공하고 부유한 종교 지도자를 양산해 내는 계기가 되었다. 놀라운 사실은 소위 부와 명성을 얻은 성공한 목회자와 대형화된 교회에 더 많은 사람이 몰려든다는 것이다. 그들은 공통적으로 정당한 방법으로 많이 번 것은 축복을 받은 것이기에 좋게 쓰면 된다고 말한다. 곧 적극적인 사고와 긍정의 힘을 기반으로 성공과 번영을 강조하는 청부론淸富論이 자본주의를 대표하는 미국의 주류 그리스도교의 모습이 되었다.

3) 청빈론인가 청부론인가?[39]

그럼 우리는 이와 같은 질문을 할 수 있다. '청빈론의 금욕주의 전통이 그리스도교 다운가? 현대의 자본주의에 부응하는 청부론이 그리스도교 다운가? 우리는 과연 무엇을 따라 살아야 하는가?'

구약 성경은 물질적 풍요가 복福의 일종임을 부인하지 않는다. 하느님은 자손의 번영과 풍년과 장수를 복으로 주시는 분이기 때문이다. 그렇지만 물질적 부를 최고의 복으로 보는 것은 조심해야 한다. 재물의 허망함을 지적하는 여러 구절이 나오기 때문이다.

"부자가 되려고 애쓰지 말고 너의 예지를 포기하지 마라. 네 눈길이 재물을 향해 날아가려 하면 그것은 바로 없어지고 만다. 날개를 달아 독수리처럼 하늘로 날아가 버린다."(잠언 23,4-5)

동시에 영적인 복들도 언급하고 있다. "하느님께 가까이

---

39 양낙흥, 《깨끗한 부자 가난한 성자》, IVP, 2012, 25~101 참조

있음이 저에게는 좋습니다. 저는 주 하느님을 제 피신처로 삼아 당신의 모든 업적을 알리렵니다."(시편 73,28)처럼, 하느님을 가까이하는 것이 복의 원천임을 고백한다.

신약 성경에서 예수는, 재물과 하느님은 상호 배타적임을 분명히 말한다. "아무도 두 주인을 섬길 수 없다. 한쪽은 미워하고 다른 쪽은 사랑하며, 한쪽은 떠받들고 다른 쪽은 업신여기게 된다. 너희는 하느님과 재물을 함께 섬길 수 없다."(마태 6,24) 그래서 "가난하고 굶주리고 우는 사람들은 행복하다"(루카 6,20-21 참조)고 선포한다. 지상의 것에만 희망을 두지 말고 다가올 하느님 나라를 준비하면서 영적인 것에도 힘을 쓰라는 초대이다. 재물은 하느님이 주시는 것이라 그 자체는 선하지만, 영원한 것이 아니라 잠시 주어질 뿐이기 때문이다.

자본주의에 부응하는 청부론은 미국을 비롯해 우리나라의 소위 성공한 대형 교회에서 설교하는 주된 내용이라 할 수 있다. 곧 이 땅에서 예수를 믿고 십일조 잘하여 축복받아 부자로 살면서 성공을 누리다가 죽어서 천국에 간다는 것이다. 이런 번영 신학을 대표하는 미국의 조엘 오스틴 목사의 베스트셀러인 《긍정의 힘》은 자기 암시의 심리학이라 할 수 있다. 그는 인간이 복을 받느냐 받지 못하느냐, 혹은 어느 정도의 복을 받느냐 하는 문제는 결국 자기 인생에 대해 어떤 '비전'을 가지느냐에 달려 있다고 본다. 생각을 긍정적으로 바꾸면 인생이 바뀐다는 것이다. 그런데 그 생각이란 본인이 마음대로 할 수 있는 상상 혹은 기대를 말하기에, 믿음이 아니라 자기 최면을 근본 바탕으로 한다. 비관주의나 패배주의에 빠지는 것보다 적극적이고 긍정적인 사고가 행복을 불러올 것이라는 주장에는 동의한다. 하지만 문제는 기대가 큰 만큼 실망과 환멸도 클 수 있다는 것이다. 구조적인 부조리에서 나오는 많은 문제들에 대해, 단순히 개인의 긍정적 사고로 개선될 수 있다는 희망을 가지는 것은 순진한 일이 될 수 있기 때문이다. 또한 구조적인 불의에 무관심하거나 헌신하지 않으면서 혼자만 잘되기를 바라는 것을 과연 그리스도교적이라 할 수 있을까?

하느님 약속의 말씀과 상관없는 낙관적인 확신이 반드시 복을 불러오는 것이 아니다. 현세적이고 세속적인 번영 신학이 가진 근본적인 오류는 이런 비성경적 축복관이다. 성경이 약속하는 복은 현세적이고 물질적인 것에 머물기보다 영적이고 내세적인 것을 포함하고 있다. 이 점에서 청부론은 인간의 육신적 욕망에 근거하고 그것에 영합하는 신학이라 할 수 있다. 하느님은 자녀들에게 성공이나 부의 획득을 요구하는 분이 아니라, 하느님의 모상을 회복하고 그리스도를 닮는 것을 바라실 분이다. 따라서 그리스도인의 사명은 부자든 가난하든 마음과 뜻을 다해 하느님을 사랑하고 이웃을 사랑하는 것이다(마태 22,37 참조). 부의 추구를 격려하고 찬양하는 청부론은 설령 부를 획득하는 수단과 과정이 깨끗한 것이고 부의 일부를 선한 일에 사용한다는 것을 전제하더라도 물질주의와 세속주의로 흐를 위험을 안고 있다. 이런 면에서 하느님의 축복을 세상에서의 성공과 물질의 축복과 비례하는 것으로 보는 시각은 분명한 잘못이다.

반면, 그리스도인이 검소하고 절제하는 금욕주의를 사는 것은 좋은 일이다. 그러나 기본적인 생활필수품을 제외한 모든 것을 소유하지 않고 지나친 절제, 금욕, 검소를 강조하는 것은 좋은 일이 아니다. 예를 들어, 음식은 1만 원 이하만 먹어야 한다든지, 옷은 5만 원 이하만 입어야 한다든지,

아파트는 30평 이하에만 살아야 하고, 차는 2,000cc를 넘지 말아야 하는 것 등이 그 예이다. 이러한 강조는 검소한 생활과 절제라는 덕목이 마치 그리스도교 본질의 가장 중요한 요소인 것처럼 오해하게 할 수 있다. 금욕주의의 문제점 중 하나는 엄격한 율법주의가 종종 그러하듯, 그것을 실천하지 못하는 사람들을 신앙에 열심히 하지 않은 사람으로 무시하는 바리사이적 태도를 조장한다는 것이다.

  금욕과 절제가 그리스도교 미덕의 한 부분임에는 의심의 여지가 없다. 그러나 하느님은 찌들고 옹색한 분이 아니라, 자비를 베푸시는 넉넉한 분이다. 아름다움과 즐거움을 향유하지 못하는 결핍된 삶은 창조주 하느님의 사랑과 전인적 구원을 거부하는 것이다. 세례자 요한과 예수의 차이도 거기에 있었다. 세례자 요한은 광야에서 철저한 금욕을 실천했다. 반면 사람들이 예수에게 왜 단식을 하지 않는지 물어본 적이 있는데, 하느님의 잔칫날에 어떻게 단식을 할 수 있는지 되묻는다(마르 2,18-20). 또한 율법에서는 꼭 손을 씻은 후 식사를 하라고 했는데 예수와 제자들은 더러운 손으로 먹지 않나(마르 7,1-3), 전도 중에 방문한 집에서 음식물을 내

오면 절대 사양치 말고 맘껏 먹으라고 하지 않나(루카 10,7-8), "보라, 저자는 먹보요 술꾼이며 세리와 죄인들의 친구다."(마태 11,19)라고 불리기까지 한다. 원래 의로운 유다인들은 세리나 창녀 등 죄인의 집에서 음식을 먹지 않았다. 죄인들이 내오는 음식물이 정결치 않기 때문이다(레위 11장 참조). 그런데 예수는 세리의 집이든 세관장의 집이든 죄인의 집이든 가리지 않고 찾아가 식사를 했다. 음식에 대한 구약 성경의 금기를 당연히 깨면서 말이다. 그러니 어찌 예수를 '세리와 죄인의 다정한 친구'라 부르지 않을 수 있겠는가. 하느님이 인간에게 세상의 좋은 것들을 선물로 주신 목적은 우리가 창조주를 알고 그분의 은총에 감사하며 살게 하기 위함이다. 예수는 이를 몸소 보여 주었다. '절제 속의 향유'라 할 수 있을 것이다. 검소를 너무 강조하여 적절한 한도 내의 미학적 가치나 감각적 즐거움을 정죄한다든지, 타인보다 부유한 생활을 누리는 것을 매도하는 우를 범하지 않도록 조심해야 하는 이유이다.

이처럼 재물에 대한 성경의 가르침은 세 가지 범주로 나눌 수 있다. 그것은 소유(가짐), 향유(누림), 공유(나눔)이다. 그리스도인은 먼저 지금 소유한 것에 만족할 줄 알아야 한다. 자족할 줄 모르고 부자가 되려고만 애쓰는 사람은 불행한 삶을 살게 될 것이다(마태 18,23-35). 육적인 존재이자 영적인 존재인 인간은 재물을 통해 궁극적 행복을 얻을 수 없다는 것도 알아야 한다. 따라서 그리스도인은 극단적인 금욕주의자도 극단적인 물질주의자도 아니다. 재물을 하느님 선물로 여기고 감사하되, 거기에만 머물지 말고 절제 속의 향유를 살 줄 아는 사람들이어야 한다. 물론 가난한 사람들을 도와야 할 의무를 소홀히 해서도 안 된다. 우리는 부와 재물에 대한 묵상에서 더 높은 차원의 복을 인식하고 추구해야 할 것이다. 이런 면에서 예수만 믿으면 만사형통할 것이라는 비현실적인 기대에 빠지도록 하는 것은 무책임한 일이다.

함께 읽으면 좋을 책

깨끗한 부자 가난한 성자
양낙흥, IVP, 2012.

나는 천국을 보았다 두 번째 이야기
이븐 알렉산더 지음, 이진 옮김, 김영사, 2016.

이렇게 살아가도 괜찮은가
피터 싱어 지음, 노승영 옮김, 시대의창, 2014.

물에 빠진 아이 구하기
피터 싱어 지음, 함규진 옮김, 산책자, 2014(11).

쉬어 가기

내 색깔대로 살며 기도하기

1960년대 미국에서 '편안한 음식Comfort food'이라는 용어가 생기며, 섭취했을 때 안정감을 주는 상황별 음식을 소개한 적이 있다. 객관적인 면은 다소 부족하지만, 어느 정도 참고할 만한 것도 있다. 이 '편안한 음식'은 감정의 상태에 따라 필요한 음식이 있다고 한다.

'귀차니즘'처럼 의욕이 떨어질 때는 초콜릿이 좋다. 의욕이나 욕망이 높아지는 것은 신경 전달 물질인 엔돌핀과 연관이 있다. 초콜릿에는 엔돌핀을 생성시키는 성분이 들어 있기에, 사랑에 빠졌을 때처럼 맥박을 뛰게 만들고 중추 신경을 자극하여 흥분하게 만든다.

짜증날 때는 양파가 좋다. 외부로부터나 자신에게서 나오는 짜증 섞인 감정이 있을 때는 자극적인 매운 맛이 필요한데, 그 맛을 내는 '알릴'이란 성분이 양파에 있다. 중국 음식에도 많이 사용되는 양파는 신경과 원활하지 못한 혈액 순환을 안정시킨다.

혈당치가 개선되면 짜증을 덜 느끼게 되기 때문이다.

슬픔에 빠져있을 때는 바나나, 푸딩, 아이스크림이 좋다. 당분이 많은 음식은 일시적으로나마 기분을 좋게 해 주는데, 혈당을 높이고 포만감으로 마음을 진정시키기 때문이다. 그래서 슬픈 감정이 올라올 때는 바나나 같이 부드럽고 단 음식이 도움이 된다.

또한 스트레스를 많이 받을 때는 대추, 고구마, 단호박이 좋다. 현대인들은 생각보다 강한 면역력을 가지고 있으나, 과도한 스트레스에서 벗어나기 어렵다. 이럴 때 대추의 '사포닌'은 중추 신경을 억제해 불안감이나 초조함을 진정시킨다. 또한 고구마에는 '카로티노이드'라는 긍정적인 생각을 주는 성분이 들어 있어 좋다. 단호박은 '베타카로틴'이 풍부해 스트레스로 발생한 유해 산소를 없애 준다.

분노에는 고추와 사과가 도움이 된다. 스트레스가 쌓이고 쌓여서 분노로 넘어갔을 때는 더 매운 맛이 필요한데, 고추에 들어 있는 캡사이신 성분이 혈관을 확장시켜 혈액 순환에 도움을 주고 몸의 열을 배출시키는 역할을 한다. 사과를 먹을 때도 아삭아삭 씹히는 소리가 마음을 진정시키고, 고혈압을 낮추는 칼륨이 풍부해 도움이 된다.

우울할 때는 요구르트, 우유, 시금치 등이 좋다. 우울감은 자살이나 극단적인 선택으로 빠질 위험이 있기에, 꾸준하게 '행복 호르몬'인 세로토닌이라는 신경 전달 물질을 생성하는 음식이 필요하다. 대표적으로 요구르트에 들어 있는 리신은 세로토닌 분비를 돕고, 시금치의 엽산도 비슷한 역할을 한다. 우유에 있는 트립토판은 몸에 흡수되면서 세로토닌으로 바뀌고, 우유가 분해되면서 만들어지는 카조모르핀이라는 물질은 신경을 안정시켜 마음을 편하게 하는 것으로 알려져 있다. 또한 아메리카노에 들어 있는 카페인도 자살을 방지하는 항우울 효과가 있다.

행복감을 배가시킬 때는 고기가 좋다. 동물성 단백질에 들어 있는 트립토판이라는 성분 때문이다. 트립토판이 몸속에서 세로토닌으로 바뀌면서 기쁨을 더하게 된다. 그래서 소고기, 삼겹살, 치킨 등의 육류가 기쁨을 나누는 데 도움이 된다.

어떤 음식이 좋다고 그것을 지나치게 섭취하면 해가 될 위험이 크지만, 이처럼 자신의 상황에 맞는 적절한 음식을 먹는 것은 좋은 일이다. 마찬가지로, 기도 생활을 잘하기 위해서도 먼저 지금 나의 영적 상태가 어떤지에 대한 진단이 필요하다. 지금 나는 어떤 영적인 상태나 유형에 속해 있는 것인지를 깨달아야 맛깔나는 기도를 할 수 있다.

모두가 같은 방법으로 하느님을 사랑할 수 있을까? 우리는 공장에서 찍어 낸 기계의 부품들이 아니다. 지문이 같은 사람이 세상에 없듯이, 똑같은 사람은 하나도 없다. 각자의 특성과 성질을 가진 우리는 하느님을 닮은 귀한 존재로, 고유한 삶의 목적을 가지고 있다. 이런 우리에게 성령은 여러 은총의 열매를 주셔서 각자의 성숙으로 이끄신다. "성령의 열매는 사랑love, 기쁨joy, 평화peace, 인내patience, 호의kindness, 선의goodness, 충실faithfulness, 온유gentleness, 절제self-control입니다."(갈라 5,22-23)

하느님은 어떤 사람에게는 평화를, 어떤 사람에게는 온유를, 또 어떤 사람에게는 기쁨을 더 많이 허락하신다. 이런 은총들이 모자이크처럼 모여 어우러지면 아름다운 질서와 하모니가 만들어진다. 성경의 인물들과 교회사 속 성인들을 보더라도 하느님은 각기 다른 사람의 영적 특성과 개성을 존중하시고, 그것을 통해 당신께로 이끄셨다.

영성Spirituality을 '하느님을 만나는 방법'이라고 한다면, 하느님은 한 가지 방법으로만 만날 수 있는 분이 아니시다. 미국의 영성학자 게리 토마스는 사람의 영적 기질을 다음의 9가지로 분류한다. 이웃 사랑으로 하느님을 닮는 박애주의 영성, 축제와 신비로 하느님을 느끼는 열정주의 영성, 자연에서 하느님을 찾는 자연주의 영성, 의식과 상징으로 하느님을 추구하는 전통주의 영성, 오감으로 하느님을 느끼는 감각주의 영성, 생각과 분별력으로 하느님을 찾는 지성주의 영성, 정의의 하느님을 섬기는 행동주의 영성, 연인이신 하느님을 만나는 묵상주의 영성, 절제와 단순성으로 하느님을 따르는 금욕주의 영성이 그것이다. 이는 놀랍게도 9가지 성령의 열매와 연결이 잘 된다. 가령, 사랑과 박애주의, 기쁨과 열정주의, 평화와 자연주의, 인내와 전통주의, 호의와 감각주의, 선의와 지성주의, 충실과 행동주의, 온유와 묵상주의, 절제와 금욕주의가 연관이 깊기 때문이다.

물론, 한 사람에게 한 가지의 특성과 기질만 있지는 않다. 보통 두세 가지, 그 이상의 기질을 가진 사람도 있다. 한 사람의 기질이 고정되어 있는 것도 아니다. 시간이 지나면서 새로운 기질이 계발되거나 강화되기도 한다. 우리는 쉽게 기준을 획일화하고 그런 선입견으로 사람들을 판단하는 것을 조심해야 한다. 그러나 다양성을 지나치게 강조하면 "나는 원래 이러니 내버려 둬."라는 반대의 극단으로 기우는 경우도 있다. '다름'을 인정하지 않는 것이 폭력이라면, '다름'만 내세우는 것은 무책임이라고 할 수 있다. 그럼에도 하느님이 각기 다른 우리를 공동체로 부르신 것은 서로 존중하고 도와서 고유함과 온전함에 이르라는 뜻이리라.

5장

가톨릭은 성性에
너무 보수적이지 않나?

현대의 그리스도인들은 올바른 성적性的 방향을 잃은 문화 속에서 살고 있다 해도 과언이 아니다. 대중 매체나 인터넷에서 자극적인 성적 표현을 쉽게 접할 수 있다. 광고 산업은 성을 매개체로 삼는데, 개인의 성공과 행복을 위한 욕구와 맞물리며 엄청난 시장을 형성하고 있다. 자본주의 사회는 희소가치를 확보하기 위해 무한 경쟁을 하는 체제이다. 이 희소가치를 만드는 법은 간단하다. 특정 가치를 '표준'으로 만들면 경쟁이 가능한 구조가 된다. 예를 들어 미인 선발 대회처럼 특정한 미모를 '표준'으로 놓으면 경쟁이 가능하다. 이렇게 만들면 외모를 미의 기준과 가깝도록 만들 수 있는 산업이 활기를 띠게 된다. 그리고 매스 미디어에서도 시청률이라는 이름으로 감각적이고 물질 만능의 가치관을 부채질하고, 이익을 챙기며 악순환을 고착화시킨다.

어떤 사회학자는 오늘날 미국 사회에서 성이 일반적으로 기쁨이나 즐거움의 측면보다 오르가즘에 집중되어 있다고 지적한다. 특히 영어에서 섹스를 나타내는 'Making love'라든가 'Having sex' 같은 표현들은 성을 마치 소비 상품처럼 취급하는 현대인의 인위적인 사고방식을 반영하고 있다. 이처럼 새롭게 대두된 성 이데올로기는 손쉬운 피임법, 성병의 확실한 예방, 안전한 낙태술 등을 전파하면서 가벼운 만남을 부추긴다. 과거에는 혼인 전에 성을 경험했다는 사실이 죄였지만, 이제는 남들 다 하는 것을 혼자만 하지 못하면 죄가 된다는 식이다.[40]

특별히 두 가지 주장이 이런 현대의 세속적 성 이해에 대한 이론을 뒷받침하고 있다. 첫째, 프로이드가 자아Ego, 초자아Superego와 함께 인간 정신의 근간이 되는 요소이자 영역인 원초아Id를 주장하면서 큰 변화가 있었다. 자아와 초자아가 의식의 영역에 있는 것과는 달리, 원초아Id는 성욕과 식욕처럼 무의식 영역에 머무는 인간 생존을 위한 가장 본능

---

40 박원기, "기독교의 성 이해", 《기독교사상》 452, 1996, 19.

적인 욕구이다. 곧 인간이 원초적인 성적 욕구를 충족시키는 것은 자연스러운 것이며 이를 충족시킬 때 행복을 느낄 수 있다는 것이다. 이것은 성행위가 심각한 것이 아니라 스포츠일 뿐이며, 생식기 중심의 성행위와 오르가즘에 집중하는 계기를 제공했다. 둘째, 상황 윤리situation ethics를 대표하는 성공회 사제인 조셉 플레처Joseph Fletcher의 주장이다. 사랑만이 유일한 규범이며 사랑은 모든 수단을 정당화시킨다는 것이다. 그의 주장은 가톨릭이 말하는 보편적 자연법에 맞서, 사랑만 있으면 어떤 상황에서든지 성관계가 허용될 수 있다고 보는 급진적인 윤리를 교회가 묵인하는 결과를 초래했다.

현대 사회는 여러 다양한 상황을 제기하지만, 가톨릭교회는 성경을 참조하여 인간의 성 문제를 이해하려는 노력을 항상 해 왔다. 물론 교회의 성에 대한 이해는 부분적으로 주변 문화의 관습과 서로 영향을 주고받아 왔다. 그럼에도 초기 그리스도교는 다음의 두 가지 관점[41]을 바탕으로 성을 이

---

41 스탠리 그랜즈 지음, 남정우 옮김, 《성 윤리학》, 살림, 2003, 16~23 참조.

해한다.

1) 초세기와 중세의 성과 신앙

a. 성性의 선함

초기 그리스도교는 윤리적인 삶에 대한 관심 안에서 성을 다루었다. 그들은 이방 종교와 달리 성과 결혼을 하느님의 선하신 창조의 일부로 받아들였다. 이러한 태도는 창세기의 창조 이야기, 예수가 참석한 카나의 혼인 잔치, 바오로 사도의 결혼에 관한 여러 권고들과 같은 성경에 근거한다. 이런 맥락에서 초기 그리스도인들은 삶의 모든 영역에서 윤리적 삶에 관심을 가졌는데, 특히 성과 결혼 문제가 그러했다. 이때 교회를 위협한 대표적 사상은 영지주의Gnosticism였다. 영지주의는 육체를 타고난 악이라고 경멸하며, 소수의 엘리트만 도달할 수 있는 영적인 지식을 고귀하게 여겼다. 따라서 그들은 육체적인 관계를 맺어야 하는 결혼을 금지하며 특정한 음식물도 먹지 말라고 가르쳤다. 바오로 사도는 영지주의 이단자에 맞서 창조된 피조물의 선함을 강조했다.

〈카나의 혼인 잔치The Marriage at Cana〉, 데니스 칼베트Denys Calvaert, 1592년, 개인 소장.

"그들은 혼인을 금지하고, 또 믿어서 진리를 알게 된 이들이 감사히 받아먹도록 하느님께서 창조하신 어떤 음식들을 끊으라고 요구합니다. 하느님께서 창조하신 것은 다 좋은 것으로, 감사히 받기만 하면 거부할 것이 하나도 없습니다."

(1티모 4,3-4)

　이처럼 그리스도교는 하느님이 그리스도 안에서 인간의 육신을 입으셨음을 믿고, 인간을 영과 육으로 보는 전인적인 관점을 가진다. 이는 영혼과 함께 육체도 원초적으로 하느님의 선하신 창조에 속한다는 것을 뜻한다. 이런 결과로 결혼을 출산과 함께 하느님이 제정하신 것이라고 보았다. 그들은 예수가 카나의 혼인 잔치에 참석하여 이러한 입장을 확인해 주었다고 믿었다. 대부분 그리스 철학자들이 몸을 경시하는 태도에 대해서 그리스도교는 비판적인 자세를 유지한 것이다. 이는 코린토인들에게 행한 바오로 사도의 권고에서도 발견할 수 있다.

　"불륜을 멀리하십시오. …… 여러분의 몸이 여러분 안에 계시는 성령의 성전임을 모릅니까? …… 여러분의 몸으로 하느님을 영광스럽게 하십시오."(1코린 6,18-20)

　이처럼 육체와 성을 긍정하고 윤리성을 요구하는 초대 그리스도교의 입장은 다음 구절로 요약할 수 있다.

　"혼인은 모든 사람에게서 존중되어야 하고, 부부의 잠자리는 더럽혀지지 말아야 합니다."(히브 13,4)

b. 동정에 대한 좋은 평가

예수가 십자가에서 죽음을 맞고 부활한 후, 제자들이 예수를 따르는 가장 확실한 길은 순교였다. 그러나 박해 시대가 끝나면서 더 이상 순교할 일이 없게 되자 예수를 따르기 위해 세상을 등지고 사막으로 떠나는 안토니오 같은 수도자가 생겨났다. 그러면서 사막에서 금욕 생활과 수도 생활에 필수적인 동정과 독신을 하나의 이상으로 높이 평가하였다. "현재의 재난 때문에 지금 그대로 있는 것이 사람에게 좋다고 나는 생각합니다."(1코린 7,26)는 말과 더불어 거의 모든 교부들은 성에 대한 금욕주의를 가르쳤다. 이들을 이해하기 위해선 성적으로 매우 문란한 시대, 곧 성매매가 만연하고 이혼, 낙태, 유아 살해가 흔하며 남자의 정결을 생각할 수 없던 당시 사회와의 상호 작용이라는 배경에서 봐야 한다.

예를 들어, 테르툴리아누스는 성관계라는 죄악의 행위를 통해 인류를 보존하느니, 차라리 인류가 단종되는 것이 낫다는 극단적인 주장을 했다. 암브로시오 성인은 기혼자들은 결혼한 것을 부끄러워해야 한다고 말한다. 요한 크리소스토모 성인은 창세기 주석에서 아담과 하와가 타락하기 전에는 성관계를 갖지 않았다고 주장한다. 오리게네스는 독신을 격찬하며, "하늘나라 때문에 스스로 고자가 된"(마태 19,12) 사람이 있다는 예수의 말을 문자 그대로 인용하여 성직을 받기 전에 거세去勢를 선택했다. 만일 죄가 세상에 들어오지 않았다면, 인류는 성적 결합이 아닌 천사 같은 신비한 방법으로 번식하였을 거라는 해석과 함께 엄격한 금욕 생활을 실천했던 것이다. 니사의 그레고리오 성인은 아담과 하와가 창조되었을 때는 성욕이 없었으며, 만일 타락이 없었다면 인류가 어떤 무해한 방법으로 생식을 했을 것이라 했다.[42] 이처럼 초기 교부들은 인간의 성을 하느님의 선한 창조로 보았다. 하지만 성적 행위에 대해서는 멸시하면서 독신 생활과 동정에 집중하였다. 이를 정리하듯, 대大그레고리오 교황은 부부가 출산 목적이 아닌 단순한 즐거움을 위해 관계를 갖는 것은 더러운 일이라며 부정적인 견해를 표했다. 이는 마리아론Mariology의 발전과 연결되어, 동정녀 마리아의 순종이 영적 모델로 중요한 위치를 차지하는 계기가 되었다.

---

[42] 양낙흥, 《깨끗한 부자 가난한 성자》, IVP, 2012, 55-56.

후대 신학자들에게 광범위한 영향을 준 아우구스티노 성인은 성과 혼인에 대해 다른 교부들보다 폭넓은 저술을 남겼다. 그를 성을 악으로 보았다는 비관주의자로 분류한 견해도 있다. 하지만 혼인이 모든 사람에게 존중되어야 한다는 주장을 하며 모든 성적 쾌락을 악으로 여겨 비난하지는 않았다. 오히려 그는 절제된 쾌락과 무절제한 쾌락을 구분하며, 혼인과 자녀 출산을 위한 성행위를 장려하였다. 성행위의 목적이 자녀 출산과 부부의 신의와 불가해소적 일치를 위한 성사聖事라는 개념은 후대의 그리스도교 신학 형성에 많은 기여를 하였다.[43] 이런 전통의 영향 아래 중세 시대에는 수도 생활을 위한 세 가지 덕목인 순명, 정결, 청빈이 강조되었다. 그리고 독신이 결혼보다 자연스레 우위를 차지했다. 육체는 여전히 극기와 금욕의 대상으로 죄와 가까운 존재로 취급되었던 것이다.

---

[43] 윌리엄 E. 메이·로널드 롤러·조셉 보일 주니어 지음, 한광석 옮김, 《가톨릭 성 윤리》, 대전가톨릭대학교출판부, 2018, 67~72.

2) 종교 개혁가들의 성과 신앙[44]

종교 개혁은 중세 시대까지 유지되었던 성에 대한 이해를 현저하게 바꿔 놓았다. 이런 두 가지 대표적인 변화는 동정의 이상에 대한 거부와 결혼의 성사성에 대한 부정이었다. 그들은 동정과 순결을 혼인 상태보다 우월한 것으로 평가하는 중세기의 이상을 받아들이지 않았다. 이는 카나의 혼인 잔치에서 기적을 행한 예수와 바오로 사도의 권고에 기초한다.

"모든 남자는 아내를 두고 모든 여자는 남편을 두십시오. …… 서로 상대방의 요구를 물리치지 마십시오. 다만 기도에 전념하려고 얼마 동안 합의한 경우는 예외입니다. 그 뒤에 다시 합치십시오."(1코린 7,2.5)

종교 개혁가들에게 독신은 하느님의 명령에 역행하는 반성경적 제도였다. 그들은 결혼을 성경 말씀대로 하느님이 친히 세우신 제도라고 주장했을 뿐만 아니라, 그들 스스로

---

[44] 스탠리 그랜즈 지음, 남정우 옮김, 《성 윤리학》, 살림, 2003, 24~27 참조

결혼하여 가정을 이루었다. 종교 개혁가들의 결혼에 대한 가르침과 선택은 혁명으로 평가될 만큼 종교 개혁 최대의 이슈 가운데 하나였다. 루터의 '오직 은총으로Sola Gratia', '오직 믿음으로Sola fide', '오직 성경으로Sola Scriptura' 구원된다는 가르침은 많은 변화를 낳았다. 그들은 인간의 업적을 강조하는 가톨릭적 구원관을 거부하였다. 그러면서 결혼 생활의 가치를 재평가하고 독신의 우월성을 폐기하였다. 또한 성의 악마화는 결혼 생활을 통해 충족될 수 있는 인간의 자연적 본능에 대한 긍정으로 대체한다. 곧 부부간의 성생활을 자녀 출산 목적에 제한하지 않은 것이다. 칼뱅은, 여성이 태아 생성 단계에서부터 능동적인 역할을 못한 '실패한 남성'이라는 토마스 아퀴나스 성인의 시각을 거부했다. 또한 동정과 독신을 가혹한 비인간적인 일로 보았으며, 교회는 유혹과 죄악을 피할 수 있도록 결혼할 자유를 부여해야 한다고 믿었다.

　종교 개혁가들은 결혼이 독신보다는 더 순수하고, 기혼자들이 육체의 유혹에서 해방되는 자유를 얻는다고 주장했다. 성행위는 사랑의 행위이기에 출산에만 국한시키지 않았고 부부가 서로에게 바쳐야 하는 극진한 배려라고 칭송했다. "참된 청교도 혁명은 간음하려는 로맨스로부터 사랑의 열정과 성을 이끌어 내어 신혼부부의 침상으로 옮겨 놓았다."[45]

이러한 이해는 중세 시대로부터의 급격한 탈출을 의미했다. 종교 개혁가들에게 결혼은 창조 사업에 협력하는 그리스도인이 되며 영적 소명에 순종하는 수단이었다. 종교 개혁이 퍼져 나가자 결혼은 점점 적극적인 의무로 발전하게 되었다. 그들에게 결혼은 자기 성취와 개인의 쾌락을 위한 현대적 시각과 다른, 섬김의 정신으로 맺는 거룩한 소명召命의 차원이었다. 그렇기에 결혼과 가족 부양은 그들이 현재의 질서에 따라 봉사하도록 부름받은 중요한 신앙생활 같은 것이었다.

---

[45] Milton Diamond, 《Sextal Decisions》, Little, Brown & Co., 1980, 262 재인용.

3) 아름다운 성을 위하여

　서구의 근대는 계몽주의에서 시작되었는데, 결혼에 대한 종교 개혁의 이해도 이를 계승하고 있다. 이는 현대에도 이어져 내려와 죄의 굴레로부터 성을 해방시켰다. 이른바 성이 세속화되는 전환기를 살고 있다고 할 수 있다. 사람들은 성과 고리타분하게 보이는 종교를 더 이상 연결시키지 않는다. 20세기 후반기는 성의 세속화에 중요한 발걸음을 내디뎠다. 이전 시대에 사람들은 성을 종교적으로 해석했고 공적인 차원으로 보아 왔는데, 이젠 오로지 사적인 영역으로 보게 된 것이다. 더 이상을 성을 언급하며 하느님과의 관계를 말하지 않는다. 성의 세속화는 인간 삶의 세속화와 밀접하게 관련이 있는데, 이를 뒷받침하는 것은 과학 기술의 발전이라 할 수 있다. 신비스러운 영역의 베일을 거의 벗겨 낸 과학 기술은 승승장구하며 사생활을 출현시켰다.

　이전 시대에는 성과 성생활이 대가족 사이에서 완전히 감춰질 수 없었고, 결혼한 부부 관계마저도 보호받을 수 없었다. 그러나 집에서 개인의 생활이 보장되는 분리된 공간이 나타나면서 성생활에 급격한 변화가 나타난 것이다. 이젠 개인의 성생활은 비밀리에 이루어질 수 있었으며, 사적인 일로 취급되었다. 또한 의학의 발전으로 성의 세속화가 가속화되었다. 예를 들어, 페니실린은 성병의 기회를 감소시켜 주었고, 피임약은 출산 없는 성행위를 가능하게 만들고 있다. 이제 성행위는 오로지 쾌락을 위해 이루어지는 자유로운 활동이 되었다. 물론 불확실한 경제 여건과 일자리 감소, 결혼 기피 현상, 에이즈AIDS의 위험 등으로 성행위가 위축되는 면도 있을 것이다. 그러나 기본적으로 성을 혼인, 출산과 분리시켜 사적 영역으로 즐기는 성행위를 추구하는 경향에는 변함이 없다.

이런 성의 자유와 해방을 만끽하는 것이 자연스런 일이라는 현대의 흐름과 교회의 가르침 사이에서 많은 갈등이 일어나곤 한다. 그렇다면 인간의 성은 어떻게 이해되어야 할까? 무엇이 인간을 존중하는 성생활이 될까를 다시 묻지 않을 수 없다.

그리스도교는 그리스의 이분법적 사고방식의 영향을 받아 오랫동안 인간의 육체를 '영혼의 감옥'으로 보았다. 또한 극기와 금욕의 대상으로 성을 억압시켜 온 측면이 있다. 이와 함께 원죄의 결과로 죄에 빠진 인간의 육체에 지배를 받을수록 죄와 가까워지기에 육체성은 극복해야 할 것이라고 가르쳐 왔다. 인간의 육체와 성은 거룩하고 정결하며 경건한 영혼과 대비를 이루고, 이를 극복한 독신과 성직자는 우월하게 여겨졌다. 그러나 우리에게 더 이상 육신은 열등하거나 죄의 근원이 아니다. 성경적으로 봐도 성과 육신은 선하게 창조된 하느님의 선물인 것이다. 예수도 우리와 똑같은 인간의 육신을 입고 이 세상에 왔다는 것을 봐도 알 수 있다. 그리고 그리스도교는 영혼뿐만 아니라 육신도 부활할 것을 믿는 전인적 구원을 지향한다.

전인적 관점에서 성은 자신의 정체성을 드러내고 이웃과 친교를 이루는 신체적, 심리적, 사회적, 영적인 면과 연관되어 있다. 곧 개인적인 은밀한 면만 있는 것이 아니라, 하느님과 자기 자신, 사랑하는 이와 가족 및 사회와의 생물학적이고 사회적이며 영적 관계를 포함하는 공동체적인 것이다. 인간에게는 성을 통해 창조 질서와 조화를 이루는 아름다운 공동체를 수립할 책임이 있다. 성을 통해 인류가 존재해

왔고, 성이 없다면 인류가 존재하지도 못했을 것이기 때문이다.

반면, 돈 혹은 물질이 최고의 가치를 차지하는 현대의 흐름에서는 인간을 그저 육체로 볼 뿐 영적 존재로까지 보지 않는다. 그리고 성관계를 자연스런 생리 현상으로 보는 면이 강하다. 몸을 정신이나 영혼으로부터 분리하기에 특별한 윤리적 가치도 두지 않는다. 인간 생명이 경시되는 세태에서 피임이나 낙태에도 별 죄의식이 없다. 게다가 왜곡된 성의 여러 측면들, 혼전이나 혼외관계에서 쾌락적인 성에 탐닉하는 행위는 공동체를 파괴시키기도 한다.

통계에 따르면, 개방된 형태의 생활이 만족도가 높은 것도 아니다. 1970~80년대 미국에서는 결혼 제도에 대한 반감으로 '동거는 조건 없이 서로의 신뢰를 순수하게 이행할 수 있는 방법'이라고 주장하는 이들이 많았다. 그러나 설문조사 결과, 동거나 개방적인 성생활이 사회를 더 진보적이고 안정적으로 만들었는가에 대해 '전혀 아니다'라는 대답이 많았다. 1990년대 이후, 에이즈 감염이 심각한 사회적 문제로 거론되었을 때 개방적인 성생활에 대해 부정적으로 보는

〈성모 영보The Annunciation〉, 바르톨로메 에스테반 무리요Bartolomé Esteban Murillo, 1660년 경, 패널에 유채, 프라도 미술관, 마드리드, 스페인.

시각이 잠시 증가했다. 그러나 에이즈 치료가 가능한 지금은 즉흥적 성관계가 다시 성행하고 있다.

또한 지나치게 개방적인 성관계는 술, 마약, 폭행 등 각종 사회 문제와 동반되기도 하며 결국 여러 방면에서 사회의 진보성보다는 타락성에 기여한다. 결혼과 출산을 하면 국가가 혜택을 주는 시대가 되었다. 결혼 제도가 국가와 사회의 안정을 도모한다는 것은 역사적으로 입증된 것이라 볼 수 있겠다.[46]

  이런 상황에서 우리는 인간이 어떤 존재이며, 하느님이 어떤 목적을 가지고 우리를 창조하셨는지에 대한 진지한 성찰을 할 필요가 있다. 성경은 인간이 하느님의 모상으로 창조되었다고 말한다. 이는 바로 인간 존엄성의 기초이다. 하느님이 노아와 계약을 맺을 때, 인간은 하느님의 모상으로 창조되었으므로 살인하지 말라고 명하신 것도 같은 맥락이다. 그러므로 하느님 모상은 죄로 손상은 될지언정 파괴되지 않는다. 모든 사람이 동등한 존엄성과 함께 자유롭게 태어났다는 사상도 여기에서 비롯된다. 아무리 하찮아 보이는 사람이라도 하느님의 모상이므로 겸손하게 대하지 않으면 안 된다. 이런 면에서 하느님이 허락하신 성도 인간의 존엄성과 하느님 모상과 연결되어 있다. 그러기에 영과 육을 따로 분리하여 볼 수 없고 공동체의 윤리에도 부합해야 한다.

---

[46] 정미연, '현대사회와 성 윤리, 그 기독교적 답변', 크리스찬리뷰, 2016년 10월 24일.

그러므로 상대방에 대한 배려와 책임, 정의로운 상호 관계와 공동체 형성으로 요약될 수 있는 성의 규범에 비추어 파괴적 행위들은 윤리적으로 정당화될 수 없다. 또한 진정한 성적 일치는 하느님과 나 자신, 사랑하는 이와 그 열매인 자녀, 나아가 사회와 이웃에게 책임을 다하는 인격적인 사랑에 근거해야 한다. 이러한 이상을 실현하는 데 현실적으로 가장 가까운 모습은 성경이 권하는 대로(마태 19,4-6)[47] 한 남자와 한 여자의 결합이며, 죽음이 갈라놓을 때까지 해소할 수 없고, 자녀 출산에 대해서도 열린 마음을 지녀야 한다는 것이다. 따라서 배우자를 선택할 때는 단순히 나에게 맞는 남편, 아내를 찾기 보기보다 내 아이의 아빠, 엄마가 되고 우리 가족이 될 사람임을 함께 고려해야 한다.

일부일처제는 그리스도교와 다른 이방 종교의 차이점이었던 동시에, 그리스도교가 인간을 가장 고귀하게 여기는 성생활의 모습이라고 할 수 있다. 그럼에도 가톨릭교회 성윤리는 현대 사회의 성 혁명의 물결에 휩쓸려 무기력하게

---

[47] 박원기, "기독교의 성 이해", 《기독교사상》 452. 1996. 22.

외면받고 있다. 과학적 사고의 영향으로 인간을 진화론적, 물질적, 신체적으로만 보는 관점을 가진 이들이 있다. 그들은 인간을 영혼과 육을 지닌 전인적인 존재로 보지 않으며, 영혼의 존재 가능성을 전제하지 않는다. 이런 세태에서 교회 안에서와 밖에서의 모습이 이중적으로 보이는데, 그 간극을 교회가 메워 주지 못하고 있다고 느껴진다. 교회가 기계적인 가르침만 반복할 것이 아니라, 이에 관심을 갖고 적극적으로 대화하고 배우는 가운데 그리스도교 예언직을 기꺼이 수행했으면 좋겠다. 그리스도교가 선포하는 새로운 사랑의 방식이 개인을 행복하게 하고, 그 방식을 기반으로 한 공동체를 세워야 한다. 또한 서로서로를 보호해 주는 즐거운 성생활로 승화되어 그렇지 않은 세상의 흐름을 바꾸어 주는 생명줄이 되길 간절히 기원해 본다.

함께 읽으면 좋을 책

성 윤리학
스탠리 그랜즈 지음, 남정우 옮김, 살림, 2003.

깨끗한 부자 가난한 성자
양낙흥, IVP, 2012.

가톨릭 성 윤리
윌리엄 E. 메이·로널드 롤러·조셉 보일 주니어 지음, 한광석 옮김, 대전가톨릭대학교출판부, 2018.

쉬어 가기

교회의 자랑스러운 약점

'왜 시대와 동떨어진 가르침을 고수하는가?', '왜 엄격한 가르침으로 신자들에게 죄의식을 심어 주는가?'라는 이유로 가톨릭교회에 답답함을 느낄 때가 있다. 특히 생명과 성 윤리에 대한 가르침을 애기할 때마다 신자들에게 미안한 마음이 든다. 가톨릭교회는 낙태를 비롯한 인공 수정, 안락사, 동성애, 혼전 성관계, 피임, 이혼 등에 대한 민감한 사항에 대해 엄격한 입장을 고수한다. 대부분의 신자들은 이와 같은 가르침을 버거워하는 것 같다. 교회가 인간 태아를 실험 도구로 삼은 황우석 박사의 인간 배아 줄기 세포 연구에 비판적인 입장을 내세우자, 많은 신자들이 이의를 제기했었다. 낙태나 피임과 같은 교회의 가르침을 실천하지 않는 이들도 많다. 이처럼 현실과 교회의 가르침 간의 간격은 넓게만 느껴진다.

개인 위주의 행복 추구, 성性과 생명까지도 경제적인 관점으로 접근하는 시대에 가톨릭교회의 엄격한 가르침은 선교에 커다란 약점으로 작용한다. 그럼에도 불구하고 시대적 흐름에 거스르면서까지 이런 원칙을 고수하는 것은 교회의 예언자적 사명 때문이다. 하느님이 주신 소중한 생명, 성과 가정이 무너지면 인간의 참행복도 무너지는 것이기에 어떤 비난과 손해를 감수하더라도 교회는 물러설 수 없는 것이다. 가톨릭교회의 가르침이 무너지면 인간의 고귀한 생명의 가치가 설 자리를 잃기 때문이다.

바오로 사도는 자신을 늘 괴롭히는 병에 대해 말한 적이 있다. "내가 자만하지 않도록 하느님께서 내 몸에 가시를 주셨습니다. …… 이 일과 관련하여, 나는 그것이 나에게서 떠나게 해 주십사고 주님께 세 번이나 청하였습니다. 그러나 주님께서는, '너는 내 은총을 넉넉히 받았다. 나의 힘은 약한 데에서 완전히 드러난다.'하고 말씀하셨습니다. 그렇기 때문에 나는 그리스도의 힘이 나에게 머무를 수 있도록 더없이 기쁘게 나의 약점을 자랑하렵니다. 나는 그리스도를 위해서라면 약함도 모욕도 재난도 박해도 역경도 달갑게 여깁니다. 내가 약할 때에 오히려 강하기 때문입니다."(2코린 12,7-10)

바오로 사도는 자유롭고 행복하게 사는 것을 방해하는 병, 곧 약점을 저주하거나 숨기지 않고 오히려 자랑하고 있다. 그리스도를 위해서라면 약함도 모함도 재난도 박해도 역경도 달갑게 여긴다는 것이다. 예수도 보잘것없는 집안 출신이라는 약점이 있었다. 그러나 그 약점을 감추거나 저주하지 않고 모두에게 드러냈다. 때문에 고향과 친척과 집안에서 존경받지 못했다. 이는 하느님의 뜻을 찾는 사람들이 겪어야 할 특징적 운명이라는 생각이 든다. 나도, 우리도 하느님을 뜻을 찾기에 받아 살고 있는 몸에 가시 같은 자랑스러운 약점이 있는가? 교회도, 우리도 하느님이 주신 자랑스러운 약점에 대해 감사할 수 있었으면 한다.

6장

인공 지능^AI 시대에
신앙이 무슨 의미가 있을까?

인공 지능AI 알파고와 이세돌 9단의 대국이 지금도 생생하다. 예상외로 인간의 패배로 끝난 이 대결에 전 세계가 큰 충격을 받았다. 인공 지능을 비롯하여 3D 프린팅, 자동차의 자율 주행 기능, 바이오 테크놀로지 등이 4차 혁명으로 태어나게 될 주요 기술의 예이다. 아직까지 구체적인 모습이 나타나진 않았지만 현재의 '4차 산업혁명'은 디지털 혁명이라는 '3차 산업혁명' 과정의 기반 위에서 만들어지고 있다고 평가된다. 전문가들은 이 융합으로부터 새로운 창조가 이뤄질 것으로 예상한다. 기사를 쓰고 작곡을 하고 법률을 지원하고 유명 화가를 모방해 새로운 그림까지 만들어 내는 등 학습을 통해 창조성을 더해 가는 상황이 되어 가고 있기 때문이다. 그러나 과학 기술의 혁명적인 발전이 장밋빛 환상만을 우리에게 던져 주는 것은 아니다.

그럼에도 21세기의 과학 기술이 생명 합성, DNA 조작, 인공 지능과 인간 복제 등을 시도하면서 인간의 손으로 생명체가 만들어질 날도 그리 멀지 않게 보인다. 이제 신은 무엇을 할 것인가? 신의 죽음을 선포하는 니체의 후예들이 계속 나올 것이다. 어느 교수가 미래에 인공 지능이 대체할 직업을 예상한 것을 본 적이 있다. 성범죄를 일으키지 않을 AI의 위협을 받겠지만, 인간적 공감과 창조성을 지녔기에 가톨릭 신부를 대체 불가능한 직업군으로 분류했다. 그러나 과학 기술의 예측할 수 없을 발달로 창조주 하느님의 실재와 인간의 죄, 십자가의 대속代贖 사상, 천국과 같은 그리스도교의 기본적이고 중요한 가치들이 인공 지능에 의해 설 자리를 잃을 것이 예상된다. 한마디로 그리스도교 신앙이 근본적으로 흔들릴 수밖에 없다. 다가올 인공 지능 시대에 절박한 마음으로 신앙이란 무슨 의미일까를 고민하지 않을 수 없다.

1) 과학과 신앙이 대립하는가?

a. 창조론 대 진화론

1925년 여름, 미국 테네시주 동부 소도시 데이턴Dayton. 재판장이 입을 열었다. "나의 의사봉은 전 세계로 울려 퍼질 것입니다." 그의 말대로 재판 장면이 전 세계로 퍼졌다. 내외신 기자 200명이 송고하는 기사에 미국 국내 전신망은 물론 대서양 해저 전신의 사용량도 두 배나 늘어났다. 재판의 내용이 창조론과 진화론의 흥미로운 대결이었기 때문이다.[48]

발단은 테네시주가 1925년 3월 제정한 '버틀러 법Butler Act'이었다. "공립학교에서는 인간을 원숭이의 후손이라고 가르칠 수 없다."는 법을 제정한 데 반발해 교사인 존 스콥스가 다윈의 진화론을 대놓고 가르치다 경찰에 체포된 것이었다. 테네시주는 보수적인 기독교 근본주의자들이 많았다. 이

---

[48] THE LEARNING NETWORK, "Tennessee Teacher Is Indicted for Evolution Lessons", The New York Times, MAY 25, 2012.

런 분위기에 힘입어 주의회는 버틀러 법을 통과시켰다. 이에 입법 반대 운동을 펼쳐 온 미국 시민 자유 연맹ACLU은 법정 투쟁을 벌일 자원자를 찾았는데, 존 스콥스가 동참한 것이다. 이 재판은 소위 '원숭이 재판'으로도 불렸다. 재판이 속개된 7월 21일, 재판장은 최소한의 벌금형인 100달러를 선고한다. 한여름의 태양만큼이나 뜨거웠던 논쟁도 끝이 났다.

겉으론 기독교 근본주의자들이 이긴 것처럼 보였지만, 테네시주 교육위원회는 스콥스를 다시금 교사로 임용했다. 시간이 지나면서 진화론은 더 부각되었다. 그리고 1957년 소련이 인공위성 '스푸트니크 1호'를 발사하자, 자극을 받은 미국은 과학 교육을 위해 교과서에 다시 진화론을 싣고 창조론을 교실 밖으로 밀어냈다. 1987년 미국 대법원이 진화론의 손을 들어 준 후 지적 설계라는 새로운 이름의 창조론이 등장했고, 곳곳에서 창조론과 진화론의 논쟁이 지금도 계속되고 있다.

흔히 진화론은 과학을 바탕으로 하는 이론으로, 창조론은 성경의 창세기에 나오는 믿음에 대한 것으로 이해한다. 그럼 그리스도인은 창조론을 당연히 믿는 것이고, 무신론자는 진화론을 받아들이는 것일까? 이처럼 과학과 그리스도교, 진화론과 창조론은 평행선을 달리는 기찻길과 같이 만나지 못하고, 대립하며 반목할 수밖에 없는 걸까?

이런 적대적인 접근 방식에 대해 천체 물리학자 우종학 교수는 과학을 부정하는 창조론자와 신앙을 부정하는 무신론 과학자를 토론시키는 방법은 얄팍한 상업주의이자, 아마추어 저널리즘이라고 비판한다.[49] 그에 의하면 과학은 자연 현상을 설명하는 논리적이고 경험적 틀인 반면, 신앙은 신과 같은 초자연적 현상과 관련이 있다. 곧 과학과 신앙은 서로 반대되는 개념이 아니며 각기 다른 영역을 다루므로 양립할 수도 있다는 뜻이다. 그래서 각기 다른 의미로 사용하는 용어를 조심해야 하는데, 자연 현상인 진화evolution, 과학인 진화 이론evolutionary theory 그리고 이론을 이해하는 기본적 시각이자 해석한 신념인 유신론이나 무신론 같은 세계관worldview을 구분해야 한다는 것이다. 그의 설명에 따른 도표는 다음과 같다.

---

[49] 우종학, 《무신론 기자, 크리스천 과학자에게 따지다》, IVP, 2018, 36~78 참조.

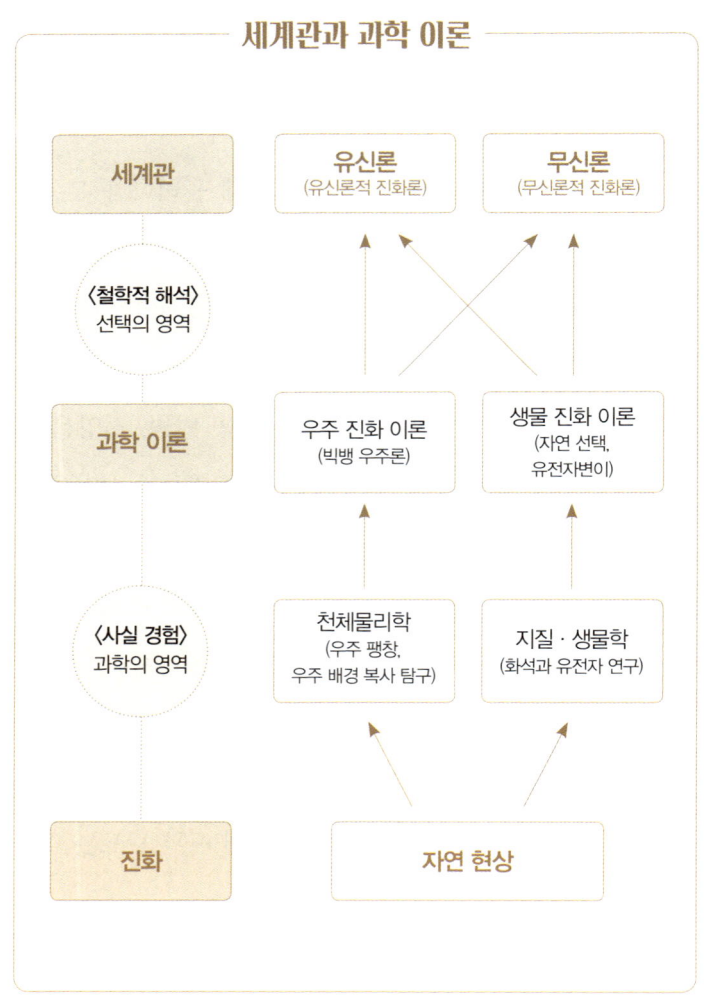

자연 현상 자체인 '진화'는 과학 용어이다. 이는 허블 우주 망원경으로 탐구할 수 있는 우주 팽창이나 우주 배경 복사를 다루는 천체물리학의 영역과 지질 혹은 생물학을 통해 연구하는 화석과 유전자 분야로 나눌 수 있다. 반면, '진화 이론'은 진화라는 자연 현상을 설명하는 하나의 과학 이론이다. 빅뱅은 우주 팽창을 설명하는 우주 진화 이론이며 복잡한 종의 발생을 설명하는 자연 선택이나 유전자 변이는 생물 진화 이론이다. 여기까지는 관찰을 통해 얻은 부인할 수 없는 사실과 경험의 영역이다. 2015년에 프란치스코 교황이 발표한 회칙 〈찬미받으소서〉에서도 "세계 안에서 모든 피조물은 자율성을 가지며, 모든 존재는 생존과 성장을 한다."[50]는 말로 진화론의 핵심을 수용하는 면모를 분명히 드러냈다. 이런 과학의 탐구 영역을 바탕으로 각자의 신념과 양심, 곧 어떤 색깔의 안경을 쓰고 살아가느냐는 세계관에 기초해서 해석하는 선택의 영역이 존재한다. 여기서부터 어떤 사람은 신이 있다고 믿고, 어떤 사람은 신이 없다는 세계

---

50 프란치스코 교황, 〈찬미받으소서〉, 한국천주교주교회의, 2015, 80항 참조.

관을 전제로 살아간다. 따라서 앞의 스콥스 재판과 같이, 과학이 무신론을 지지하고 유신론을 부정한다는 이분법은 맞는 것이 아니다. 과학이 무신론을 꼭 지지하는 것도 아니고 유신론이 틀렸다고 말하지도 않기 때문이다. 과학 자체는 경험하고 탐구할 수 있는 자연 현상에 대해서만 말할 뿐이다. 그리고 그 너머에 있는 것에 대해 해석하거나 선택하지 않는 중립적 영역이다. 그러므로 과학자가 신을 믿는 경우도 있을 수 있고, 알 수 없다는 불가지론不可知論의 입장일 수도 있으며 무신론자일 수도 있다. 신이 부여한 물리 법칙과 우주를 지속적으로 유지하는 섭리를 통해 일어나는 일로 자연 현상을 볼 여지가 있기 때문이다. 물론 그 반대도 얼마든지 가능하다.

한편, 무신론자로 자처하는 리처드 도킨스의 《만들어진 신》이란 책은 '과학이 신의 없음을 증명했다.'는 믿음에 근거하고 있다. 신을 믿는 사람들은 반이성적일 뿐이며, 진지하고 진보적이며 생각이 깊은 사람에겐 무신론만이 유일한 선택이라는 것이다. 도킨스는 과학이 신을 문화의 변방으로 추방시키며, 과학은 신에 대한 믿음을 좌절시킨다고 말한다. 그러나 그의 주장과 다르게 많은 과학자들이 신을 믿고 있다. 천문학자 오웬 진저리치Owen Gingerich는 저서 《신의 우주》에서 "우주는 의도와 목적을 가지고 창조되었는데, 이러한 믿음은 과학 체계를 방해하지 않는다."고 말한다. 의사이자 유전학자인 콜린스Francis Collins는 《신의 언어》에서 "자연의 경이와 질서는 전통적인 그리스도교의 개념을 따른 창조신을 말한다."고 주장했다. 콜린스는 무신론에서 그리스도교 신앙으로 돌아선 자신의 회심도 묘사하고 있다. 이는 진정한 과학자가 무신론자라는 도킨스의 경직된 주장과 맞지 않음을 볼 수 있다.

역사적으로도 많은 과학자가 신앙을 가지고 있었다. 철학자들과 과학자들은 세상과 우주의 이치를 연구하였고, 그 탐구 결과로 하느님이 어떤 존재인지를 신학의 언어로 풀어내곤 했다. 예를 들어, 폴란드의 천문학자로 유명한 코페르니쿠스Nicolaus Copernicus는 천체 관측과 궤도 계산을 근거로 지구가 태양 주위를 돈다는 사실을 제시함으로써 근대 천문학과 과학 혁명의 기초를 마련하였다. 그는 하느님을 '가장 훌륭하고 가장 정연한 장인匠人'으로 묘사한 가톨릭 신부였다.

갈릴레이는 수학자, 물리학자 및 천문학자로서 근대 기계학과 실험 물리학의 창시자라 할 수 있다. 그는 지구가 우주의 중심이 아니라고 주장하였다. 이것 때문에 교회의 박해를 받았음에도 불구하고, 경건한 가톨릭 신자로 "우리에게는 두 권의 위대한 책이 있다. 곧 자연이라는 책과 초자연적인 책인 성경이다."라고 말했다. 케플러Johannes Kepler는 독일의 수학자, 천문학자, 점성술사이자 17세기 천문학 혁명의 핵심 인물이다. 또한 신실한 루터교 신자로 자신의 연구가 "하느님을 따라서 하느님의 생각을 숙고하고 있다."고 고백하기도 했다. 뉴튼은 근대를 대표하는 위대한 물리학자이자 수학자이다. 1687년 발간된 저서《자연철학의 수학적 원리》는 고전 역학과 만유인력의 기본 바탕을 제시하며, 과학사에서 가장 영향력 있는 저서 중의 하나로 꼽힌다. 그는 과학서뿐만 아니라 신학서도 썼는데, 신학서를 더 중요하게 여길 정도였다. 그는 어떠한 과학도 성경의 신앙보다 더 잘 증명되지 않는다고 말했다. 멘델Gregor Mendel은 오스트리아의 식물학자이자 식물 실험가이다. 또한 유전법칙을 발견하여 유전학의 수학적 토대를 마련하고 유전학의 첫 장을 연 생물학자이기도 했다. 멘델은 가톨릭 수도회의 수사이자 신부였다. 리처드 도킨스의 유전학 연구는 멘델의 업적을 바탕으로 이루어진 것이다. 그러기에 도킨스도 멘델을 "유전학 최초의 천재"로 칭송한다.[51]

최근의 과학자를 한 사람 더 언급하겠다. 우주가 어떻게 만들어졌고 팽창해 가는지를 설명하는 현대의 대표 이론인 빅뱅 이론Big Bang Theory은 우리에게도 친숙하게 다가 온다. 우주가 대폭발, 곧 빅뱅으로 138억 년 전에 시작됐으며 지금도 끊임없이 팽창하고 있다는 이론은 현재에는 상식으로 자리 잡았다. 우주의 팽창과 대폭발 이론을 최초로 발표한 이는 벨기에의 천문학자이자 가톨릭 신부인 르메트르Georges Lemaître이다. 그는 아인슈타인[52]의 일반 상대성 이론에 기반해 우주가 고정돼 있지 않으며 팽창한다는 가설을 제시하면서 은하들의 거리와 속도 등을 측정한 결과를 제시했다. 물리

---

51 니키 검블 지음, 주상지 옮김, 《만들어진 신 vs 스스로 있는 신》, 서로사랑, 2009, 20~21.
52 아인슈타인도 "종교 없는 과학은 온전히 걸을 수 없으며, 과학 없는 종교는 온전히 볼 수 없다."고 1954년 발표한 〈과학과 종교〉에서 말하였다.

학자 스티븐 호킹 박사는 빅뱅이 중력 같은 물리학적 법칙의 불가피한 결과이며, 신의 손이나 우연으로 설명할 수 있는 것이 아니라고 주장했다. 우주는 무無에서 자발적으로 만들어진 것이며 신의 개입을 필요로 하지 않는다는 그의 주장은 많은 논란을 불러 일으켰다. 그러나 르메트르 신부가 처음 발견한 빅뱅 이론은 중세 신학자들의 믿음 곧, 우주는 신이 창조하였기에 시작과 끝이 있으며 신은 가장 정확하게 곧 수학적으로 우주를 설계하였을 것이라는 신앙 고백이었다.

동전의 양면처럼 세계관世界觀과 연관을 가지는 것 중 하나가 신관神觀이다. 어떤 신관을 가지고 있느냐에 따라 세계와 인간을 대하는 태도가 성립되고, 어떤 세계관을 가지고 있느냐에 따라 신관과 인간관이 결정되기 때문이다. 이런 의미에서 역사적으로 인류가 어떤 세계관을 가지고 살아왔는지를 살펴보는 일은 그 시대의 신관, 곧 과학과 신앙의 관계를 알아볼 수 있는 중요한 작업이라 할 수 있다. 그래서 큰 변화를 겪었던 근대의 서양 중심의 세계관을 정리해 보면

다음과 같다.[53]

천 년 넘게 지속되어 온 중세 시대의 신 중심 세계관과 그 현실적인 억압 구조가 한계에 다다를 즈음, 이에 대한 반작용이 생겼다. 신에게서 벗어나 자연을 있는 그대로 보려는 시도가 나타난 것이다. 난해한 일체의 형이상학적 원리를 배제하고 현상과 현실에 근거하여 구체적으로 관찰하고 설명하는 과학이 태동하고 있었다. 예를 들어, 고대의 아리스토텔레스는 무거운 물체와 가벼운 물체를 같은 높이에서 동시에 떨어뜨리면 무거운 물체가 먼저 떨어진다고 생각하였다. 그러나 16세기의 인물인 갈릴레이는 동일한 높이에서 떨어진 두 물체는 무게와 상관없이 동시에 땅에 떨어진다는 낙하 법칙을 발표한다. 이런 새로운 관찰과 설명이 다음과 같은 대표적인 세 인물에 의해 유럽에서 동시다발적으로 일어났으며, 철학과 신학적 사고에 엄청난 영향을 주었다고 할 수 있다.

---

53 김영한, 《기독교 세계관》, 숭실대학교출판부, 2010, 274~293 참조.

- 갈릴레이: 갈릴레이는 망원경을 사용하여 최초로 천체를 관찰하였다. 또한 낙하 운동 뿐 아니라, 진자의 주기 운동 등 운동과 관련된 다양한 연구로 주관적인 믿음과 선입견을 배제하였는데, 변화하는 현상에 대한 수학적인 계산과 시험으로 자신의 이론을 형성해 갔다.

  움직이는 지구가 정상이라는 코페르니쿠스의 '지동설'을 지지하다가 곤욕을 치르기도 하였으나 바야흐로 정지靜止에서 움직임으로, 믿음에서 의심으로, 사색에서 관찰로 역사의 수레바퀴는 돌아가고 있었다. 이런 분위기에서 새로운 과학의 이론적 근거를 마련해 주기 위한 철학이 필요하게 된다.

- 데카르트: 데카르트는 새로운 과학을 뒷받침할 새로운 철학의 원리, 누구도 부정할 수 없는 유명한 명제를 선언한다. '나는 생각한다. 고로 존재한다Cogito, ergo Sum.' 중요한 것은 '나'의 생각이라는 것이다. 중세처럼 신이 존재해서 내가 존재하는 것이 아니라, 신의 도움 없이도 '생각하는 나'가 있기 때문에 내가 존재하는 것이다.

이는 인간이 신 없이도 진리의 세계로 나아갈 수 있다는 근거를 확립한 사고의 커다란 전환이었다. 그래서 천 년 이상 신에 눌려 있던 인간의 이성이 새로운 이름으로 신을 억압하는 근대 합리주의가 시작된 것이다.

- 뉴튼: 뉴튼은 갈릴레이가 말한 지상의 낙하 운동과 케플러가 설명한 우주에서의 타원 운동(공전)을 본질적으로 동일한 운동으로 설명했다. 더 나아가 '질량을 가진 모든 물체 사이에는 서로 끌어당기는 힘이 작용한다는 일반 이론'을 발견했다. 이것이 만유 인력이다. 힘과 가속도 개념으로 천체와 우리가 살아가는 지상의 다양한 운동을 설명해 낼 수 있는 하나의 통일된 이론적 틀을 만든 것이다. 이것이 가능했던 이유는 17세기에 와서 뉴튼과 라이프니츠가 각각 발견한 미적분학의 도움 덕이다. 고대 그리스에서 시작한 유클리드의 기하학이 점, 선, 면, 도형, 공간을 대상으로 다루는 정적인 세계의 사변에 머물러 있었다면, 미적분의 고등 수학은 역동적으로 변화하는 세계를 기술하고 예측하고 그 변화의 정도

아이작 뉴튼 경(Sir Isaac Newton, 1643년 1월 4일~1727년 3월 31일)은 영국의 물리학자, 수학자이다.

와 결과를 총량으로 계산해 낼 수 있는 힘을 갖고 있었기 때문이다. 근대인들에게 수학은 곧 과학이었으며, 과학은 곧 수학이었다. 수의 질서를 통해 자연을 이해할 수 있다는 고대 그리스의 피타고라스 믿음이 근대에 와서 높은 수준으로 현실화된 것이다. 이렇게 '이성의 시대'가 만개해 가며 세계가 기계처럼 작동한다는 생각이 태동하게 된다.

이처럼 수량화 혁명에 바탕을 둔 새로운 합리주의는 과학의 통찰에 따라 자연이 정해진 질서와 법칙에 따라 움직인다는 '기계론적 세계관'을 만들어 내었다. 17~18세기의 수학자 또는 철학자들에게 우주는 '스스로 돌아가는 시계'에 비유된다. 이 세계는 수학적 질서를 따르는 거대한 기계인 것이다. 그러나 기계는 스스로 돌아가지 못하기에, 외부에서 시계의 태엽처럼 감아 주어야 돌아갈 수 있다. 근대 기계론은 이런 외부적 근원으로서의 신의 모습을 받아들였다. 따뜻한 인격을 가진 신이 아니라 수학적 이성이라는 이름의 무색무취한 신인 것이다. 전통적으로 왕이나 목자 등 성경의 이미지로 가졌던 신이 17세기 과학 혁명으로 시계공의 이미지로 변했다. 또한 스피노자 같은 철학자는, 신은 곧 자연이라는 범신론汎神論까지 주장했다. 신은 인간의 이성으로 파악이 가능한 합리적인 존재라는 것이다. 그는 신이 어디에나 있을 것이기에 교계 제도도 거부하였다. 스피노자는 비록 우리가 인지하지 못할지라도, 존재하는 모든 것에는 그것이 그렇게 될 수밖에 없는 필연적이고 이성적인 이유가 내재해 있다고 주장했다. 모든 것은 신의 이성 속에서 인과적으로 이미 결정되어 있으며 현상 세계는 그것이 드러나는 장場일 뿐이기 때문이다.

이렇게 기계론은 예정론과 결정론을 지지하게 된다. 그리고 인간만을 중시하는 태도 속에서 자연은 인간의 끊임없는 진보와 발전을 위해 이용되고 착취되어도 상관없는 노예로

〈로마 종교 재판에 직면한 갈릴레이|Galileo facing the Roman Inquisition〉, 크리스티아노 반티 Cristiano Banti, 1857년, 개인 소장.

전락되었고, 신은 처소(處所)를 잃다가 마침내 죽음까지 선포되기에 이른다. 이처럼 자연의 위기가 정신적 위기를 초래하며, 이는 종교의 위기와도 연관되었던 것이다. 특히 과학과 신앙이 대립적이라고 생각하게 된 것은 다음과 같은 대표적인 두 가지 논쟁이 있었기 때문이다.

b. 코페르니쿠스와 갈릴레이의 논쟁

각 시대에는 그 시대의 세계관을 뒷받침하는 확고한 신념들이 있었다. 중세도 태양과 다른 천체(달, 행성 등)가 지구 주위를 회전한다는 굳은 믿음이 있었다. 이미 2세기부터 알렉산드리아의 천문학자 프톨레마이오스가 주장한 것으로 지구가 우주의 중심이라는 이 이론은 천 년이 넘게 시대를 지배해 왔다. 성경도 이런 믿음을 근거로 해석했을 뿐만 아니라, 현대에도 '해가 아침 6시 5분에 뜬다.'고 표현할 정도로 지구 중심의 '천동설天動說'은 당연한 것이었다.

폴란드의 사제이자 천문학자인 코페르니쿠스는 1543년 발표한 논문 〈천체의 회전에 관하여〉에서 행성들이 태양 주위를 동심원을 그리며 회전한다는 혁명적인 '지동설地動說'을 주장했다. 또한 지구가 태양 주위를 돌 뿐 아니라 자신의 축을 중심으로 회전한다고 했다. 그러나 이 새로운 모델은 충분한 이론적 뒷받침을 제공하지는 못했다. 원형 궤도를 그린다는 가정으로는 화성에 대한 운행을 설명할 수 없었기 때문이다. 17세기 초 케플러가 이를 타원형 궤도로 수정하면서 비로소 인정받을 수 있었다.

태양 중심설이 부상하면서 신학자들은 성경 해석을 재검토할 수밖에 없었다. 하느님이 6일 만에 세상을 창조했다는 창세기 1장의 말씀을 문자 그대로 역사적인 창조로 해석하는 것에서 벗어난 것이다. 16세기의 많은 학자들은 이 말씀을 비유적allegorical인 표현으로 보았고, 칼뱅은 성경의 목적은 교과서가 아닌 예수 그리스도를 아는 것이기에 독자의 상황에 맞게 조정하여 해석해야 한다고 주장했다.

17세기 이탈리아에서는 태양 중심 모델을 두고 새로운 논란이 시작됐다. 코페르니쿠스를 옹호한 갈릴레이에 관한 것이었다. 처음엔 갈릴레이의 주장도 공감을 얻었으나, 결국 가톨릭교회는 유죄 판결을 내렸다. 오늘날 많은 이가 이 사건을 과학과 종교의 대결로 묘사하며, 종교가 합리적인 과학을 탄압한 대표 사례로 언급한다.

그러나 갈릴레이가 제시한 증거들도 주변적인 것들이었을 뿐, 지구 중심설보다 태양 중심설이 우월하다는 것을 입증하기에는 미흡했다. 갈릴레이는 말년에 요하네스 케플러가 행성의 운동을 관측한 방대한 자료를 참고하여 행성의 궤도를 정확히 측정하였고, 그는 자신의 주장에 많은 수정을 가했다. 맥그래스에 의하면, 갈릴레이 재판의 진정한 문제는 성경의 올바른 해석에 있었다. 가르멜 수도회의 수사였던 포스카리니Paolo Antonio Foscarini는 1615년에 《피타고라스

학파와 코페르니쿠스의 의견에 관한 서한〉에서 태양 중심 모델이 성경과 모순되지 않는다고 주장했다. 여호수아가 명령하는 "해야, 기브온 위에, 달아, 아얄론 골짜기 위에 그대로 서 있어라."(여호 10,12)라는 구절에 대해, 태양의 움직임을 전제로 문자적으로 성경을 해석하는 것을 반대했던 것이다. 그러나 당시의 전통을 고수하는 가톨릭과 검증되지 않은 새로운 해석법에 대한 주장 사이의 갈등은 피할 수 없었다. 기존의 생각을 바꾸기에는 그럴 만한 근거가 충분치 않은 상황이었다고 할 수 있다. 과학계에서도 갈릴레이를 지지하는 측과 반대하는 측이 공존했고, 종교계에서도 문자적 성경 해석에 따라 지구 중심설을 지지하는 측과 반대하는 측이 공존했다. 즉 과학계는 태양 중심설을, 가톨릭은 지구 중심설을 지지했다는 양분화 상황이 아니라고 할 수 있다.[54]

c. 다윈과 인간 기원의 생물학적 논쟁

다윈Charles Robert Darwin의 《종의 기원》은 19세기 과학의 중요

---

54 우종학, 《무신론 기자, 크리스천 과학자에게 따지다》, IVP, 2018, 55.

찰스 로버트 다윈(Charles Robert Darwin, 1809년 2월 12일 ~ 1882년 4월 19일)은 영국의 생물학자이자 지질학자로서, 진화론에 큰 기여를 했다.

한 사건이었다. 《종의 기원》 이전에는 페일리의 영향으로, 신을 거룩한 시계공으로 생각하였다. 인간의 눈과 같이 믿을 수 없을 만큼 복잡하고 세밀한 구조를 고유의 필요성에 맞게 설계하고 제작하는 분으로 생각한 것이다. 그러나 갈라파고스 제도諸島를 항해한 것과 같이 긴 항해를 하여 다윈이 관찰한 것들을 설명할 방법이 없었다. 그는 이러한 항해를 하면서 멸종된 생물들과 퇴화하는 기능들을 발견했던 것이다. 신은 왜 불필요한 것을 설계했을까?

이에 대한 더 나은 설명이 자연 선택natural selection이었다. 자연 선택은 가축 사육의 '인위 선택' 과정이 자연에서도 일어난다는 것이다. 다윈은 농장에서 사육사들이 교배를 통해 비둘기의 머리와 부리를 원하는 모양으로 만들어 내는 것을 관찰하며 자연 선택설을 확립했다. 농부들이 원하는 형질을 가진 동식물을 얻기 위해 선택적 번식을 이용하는 방법에 주목한 것이다. 이런 방향성이 자연계에서도 일어날 수 있음을 주목한 다윈은 인간을 포함한 모든 종種을 길고도 복잡한 생물학적 진화 과정의 결과물로 보았다. 물론 그의 이론은 완전히 새로운 생물 종으로 진화하는 문제에 대해 그 증거를 제시하지 못하는 등 부족한 부분도 많았다.

그럼에도 불구하고 다윈의 진화론은 단순한 생명체에 대한 이론을 넘어 신관에도 많은 논란을 가져왔다. 첫째, 다윈의 이론으로 신이 세상을 창조했다거나 설계했다는 개념은 점점 설 자리를 잃어 갔다. 많은 그리스도교 저술가들이 진화를 신의 수단으로 볼 수 있다고 역설했지만, 일반 대중과 학계는 신이 없어도 설명이 되는 주장, 신이 있어도 눈먼 신일 수밖에 없다고 여겼다. 신 존재를 뿌리째 흔드는 상황이 된 것이다. 둘째, 창세기를 문자 그대로 해석하여 받아들이는 문화권에서는 위기감이 더욱 고조되었다. 세상과 인류가 6일 만에 창조되었다고 생각하는 그리스도인들에게 오랜 시간 생물이 자연 선택과 진화를 해 왔다는 다윈의 주장은 창세기 해석에 대한 의미심장한 도전을 제기했기 때문이다.

창세기의 6일간 창조는 문자 그대로 하루 24시간을 의미하는지, 하루가 천년 같다는 말처럼 많은 시간인지, 혹은 다른 신화처럼 간주되어야 하는지 등에 관한 질문으로 이어졌다. 셋째, 그의 이론은 인간의 지위에 관한 논쟁을 일으켰다. 전통적인 그리스도교에서는 오로지 인간만이 '하느님의 모상'을 부여받은 최고의 창조물이며 다른 생명체와 분명히 구별된다. 그러나 다윈은 인간의 본성이 오랜 시간에 걸쳐 서서히 생겨났으며, 결정적으로 인간과 동물이 기원과 발생에서 근본적인 생물학적 차이가 없다고 주장한다. 따라서 진화 과정의 관찰자가 아니라 참가자인 인간이 진화의 목표나 정점이 될 수 없다는 것이다. 이는 그 시대 사람들이나 지금의 그리스도인들도 받아들이기 힘든 파격적인 주장이었다.

d. 그리스도인의 반응

과학의 질문과 도전에 그리스도인들은 여러 가지 답을 해 왔다. 창세기를 바탕으로 지구가 약 6천년~1억 년 전에 창조되었다는 '젊은 지구 창조론Young Earth creationism', 과학적으로 밝혀진 지구와 우주의 나이를 인정하지만 긴 시간에 걸쳐

서 개개의 생명체가 창조되었다는 '오랜 지구 창조론Old Earth creationism', 최근 개신교에서 많이 주장하며 지적 설계를 가정하지 않고서는 우주의 기원과 발전을 설명할 수 없다고 주장하는 '지적 설계intelligent design', 신이 생명체를 종류대로 따로따로 창조하신 것이 아니라 단세포 생명체에서 진화 법칙에 따라 다양한 생명체로 변하고 갈라지는 과정에 관여하였다고 보며, 창세기 1-2장은 과학책이 아니기에 문자 그대로 해석해서는 안 된다고 이해하는 '진화론적 유신론Evolutionary Creationism' 등의 입장이 그것이다.

과학자이며 신학자인 테이야르 드 샤르댕 신부는 진화론적 유신론의 발전에 큰 영향을 끼쳤다. 그는 우주가 훨씬 더 복잡한 구조를 향해 진화하는 상태에 있고, 우주적 진화의 최종 수렴점은 '오메가 포인트Omega Point'라고 보았다. 곧, 우주적 그리스도를 통해 이뤄지는 종말론적인 '만물의 수렴과 충만' 사상을 주장하며 (과학과 신앙의 논쟁에서) 양쪽의 화해를 시도한 것이다. 이는 높은 평가를 받고 있다. 그러나 전통 신학 관점에서 바라보면 그의 이론에는 많은 약점이 있다. 아직까지 과학을 아우르는 신학이 나오지 않았다는 뜻이라고도 볼 수 있다.

  백년이 훨씬 넘는 창조와 진화 논쟁은 여전히 우리의 발목을 잡는다. 진화와 창조가 서로 모순된다고 잘못 알고 있는 사람들은, 과학이 밝혀낸 우주 진화가 바로 창조의 과정임을 인정할 필요가 있다. 특히 20세기에 이르러 패러다임의 변화가 일어났다. 우주가 무한히 오래 전부터 존재한 것이 아닌, 138억 년 전 어느 한 시점에서 대폭발로 시공간이 탄생했고 우주 공간이 지금도 점점 팽창한다는 것을 허블 우주 망원경으로 발견했기 때문이다. 과학은 은하와 별과 행성의 생성과 소멸을 담은 장구한 우주 진화의 역사를 생생하게 들려준다. 물론 대폭발이 어떻게 이루어졌는지, 생명체가 어떻게 시작되었는지, 인간의 의식이 어떻게 생겼는지 등은 아직도 알 수 없지만 말이다.

  진화는 자연 현상이며 사실적인 데이터이고, 진화 이론은 진화를 설명하는 과학 이론이다. 그리고 이것을 바탕으로 유신론과 무신론으로 해석하는 세계관을 선택하게 된다. 이런 면에서 과학으로 인과 관계가 밝혀진 우주 진화의 역사는 하느님의 창조 과정이라고 말하는 데 문제가 없다. 하느님은 자연법칙을 통해 창조하실 수가 있고 기적을 통해서도 창조하실 수 있는데, 과학은 우주의 역사가 자연적인 방법을 통해 창조한 긴 과정임을 보여 준다. 그리스도인은 이런 진화론적 유신론의 세계관을 형성하는 것이 당연한 일일 것이다. 그리스도인의 고민에 대해 우종학 교수가 설명하는 진화론적 유신론의 두 가지 이론을 참고로 제시해 본다.[55]

첫째, 계획된 진화이다. 이 입장은 진화와 진화 이론을 수용하며 진화 과정이 바로 하느님의 창조 과정이라고 본다. 그러나 신이 직접 자연 세계에 간섭해서 특별한 방법으로 종을 창조하지 않는다는 견해이며, 그런 면에서 계획되지 않은 진화를 포함한다. 신이 자연 세계에 개입해 기적을 일으킬 수 있지만 굳이 그럴 필요가 없다고 보는데, 이것은 신의 계획이 창조의 첫 시점에 이미 우주 안에 담겨 있기 때문이다. 우주 진화는 무작위로 일어나는 것 같지만 사실은 창조주의 계획에 따라 그 역사가 펼쳐진다는 견해이다.

둘째, 인도된 진화이다. 계획된 진화와 비슷하지만 진화

---

[55] 우종학, 《무신론 기자, 크리스천 과학자에게 따지다》, IVP, 2018, 249~250.

가 창조주에 의해 감독되고 인도된다는 입장이다. 물론 감독하고 인도하는 방법이 창조 세계에 직접 개입하는, 마치 기적과도 같은 방법을 의미하는 것은 아니다. 신은 진화를 인도하지만, 자연법칙을 깨는 대신 발생하기 어려운 사건들이 일어나도록 섭리하여 원하는 방향으로 진화를 이끈다. 다른 말로 진화는 창조주 없이는 일어날 수 없다고 보는 입장이라 할 수 있다.

이렇게 창조 세계는 아직도 밝히지 못한 신비로 가득하다. 기존 지식의 한계를 깨고 인간이 경험하는 우주를 확장시켜 주는 과학은 창조주 하느님을 더 풍성하게 이해하도록 우리를 인도한다.

2) 갈등을 넘어서

과학 기술 만능주의로 명시적이고 공격적인 현대 무신론이 등장했다. 과학적 무신론자들에 따르면 인간 이성이 믿고 의지할 수 있는 근거와 기준은 오직 자연 과학적 방법론이다. 그러기에 모든 종교적 믿음은 근거 없는 미신과 맹신에 불과한 것이라고 간주한다. 이러한 맥락에서 프란치스코 교황은 첫 회칙 〈신앙의 빛 *Lumen fidei*〉을 통해 "과학으로 제작하고 측량할 수 있는 것만이 진리로 여겨지는"(25항) 오늘날의 과학주의 경향을 언급한다. 일반인들도 과학과 신앙의 관계를 적대적으로 보는 것이 일반적 현상이다. 하지만 교회는 과학과 신앙을 진리의 탐구에 있어서 분리시켜 생각해 오지 않았다. 오랜 세월동안 철학자들은 신학자였으며, 신학자들은 과학자이기도 했다. 하느님의 신비에 다가가는 일은 성경과 더불어 자연을 통해서도 가능하다고 믿었기 때문이다. 과학의 놀라운 발견은 우리를 근원적이고 초월적인 사고로 돌아가게 하였다. 그러나 근대 이후로 과학은 급속도로 발전하여, 과학과 신앙의 분리가 심각하게 나타났다. 이런 면에서 오늘날 가톨릭교회는 과학과 신앙의 대립적 구도에 어떤 입장을 취하고 있는지 살펴볼 필요가 있다. 가톨릭교회는 성경을 근거로 과학적 지식을 경계한 적이 있었으나, 현재는 이를 인정하고 과학적 지식에 대해 상당히 열린 자세를 보인다. 제2차 바티칸 공의회는 과학적 지식에 대해 다음과 같이 말한다. "학문의 정당한 자율성을 충분히 깨닫지 못하고, …… 거기에서 논쟁과 갈등을 일으켜 많은 사람이 신앙과 과학을 서로 배치되는 것으로 여기도록 만들었던 정신 자세를 개탄하지 않을 수 없다."[56]

이는 과학의 문제에 충분히 사려 깊게 대응하지 못했음을 성찰하는 뜻으로 해석할 수 있다. 또한 교회는 과학 발전에 깊은 관심을 갖고, 그것을 토대로 인간과 우주의 근원에 관한 종교적, 철학적, 인문적 성찰을 한다. 이런 성찰은 바로 과학의 최정상에서 마주치는 우주의 신비에 관한 물음과 다르지 않다고 말한다.

"모든 분야의 방법론적 탐구가 참으로 과학적인 방법으로 도덕 규범에 따라 이루어진다면 결코 신앙과 참으로 대립할 수 없을 것이다. …… 오히려 겸허하고 항구한 마음으로 사물의 비밀을 탐색하려고 노력하는 사람은, 의식하지는 못하더라도, 만물을 보존하시고, 있는 그대로 존재하게 하시는 하느님의 손에 인도되고 있는 것이다."[57]

---

[56] 《제2차 바티칸 공의회 문헌(개정판)》, 〈현대 세계의 교회에 관한 사목 헌장 – 기쁨과 희망〉, 한국천주교주교회의, 2018, 247.
[57] 앞의 책, 247

a. 현대 교황들의 과학에 대한 입장[58]

비오 12세 교황(재위: 1939~1958년)

1936년, 비오 11세 교황은 교황청 과학원The Pontifical Academy of Sciences을 재설립했다. 교황은 여러 분야의 뛰어난 과학자들을 회원으로 초빙해 그들의 목소리에 귀를 기울였다. 후임인 비오 12세 교황은 아마추어 천문학자였다. 교황은 더욱더 과감하고 진지하게 현대 과학의 성과를 숙고하고 포용했다. 또한 1950년과 1951년, 두 차례에 걸쳐 진화론과 빅뱅 우주론 등이 가톨릭 신앙과 모순되지 않는다고 역설하였다.

비오 12세 교황은 제260대 교황(재위: 1939년 3월 2일 ~ 1958년 10월 9일)이다.

1950년 8월 12일에 발표한 회칙 〈인류Humani generis〉는 진화론을 충분히 "숙고할 만한 가치가 있는 하나의 진지한 가설"

---

[58] 김소일, "가톨릭교회는 현대과학을 경계하는가?", 〈가톨릭평화신문〉, 2015년 8월 17일자.

로 언급하며 진화론과 그리스도교 신앙이 양립할 수 있다고 선언한다. 다만 한 가지 전제 조건을 두는데, 인간의 영혼에 관한 것이다. 곧 인간의 육체가 그 이전의 생물체에 기원을 두더라도, 그 영혼은 하느님이 직접 창조한 것이라는 점을 강조한다. 이 점을 분명히 한다면 진화와 신앙 교리 사이에 아무런 대립도 없다고 말했다. 이어 비오 12세 교황은 1951년 12월 22일, 교황청 과학원에서 연설을 했다. 이 연설은 현대 우주론과 신앙의 문제를 전문적으로 다루었다. 그 핵심은 "과학이 발전할수록 하느님을 더 발견하게 되기에, 우주의 창조와 진화를 설명하는 현대 과학은 종교와 모순되지 않는다."는 것이었다.

요한 바오로 2세 성인 교황(재위: 1978~2005년)

가톨릭교회는 역사 안에서 과학자에 대한 해묵은 숙제를 하나 갖고 있었다. 지동설을 주장한 갈릴레오 갈릴레이의 유죄 판결에 대한 과오였다. 1633년 재판 이후 미뤄 온 이 숙제를 요한 바오로 2세 성인 교황이 풀었다. 교황은 1979년 갈릴레이 재심을 위한 특별위원회를 발족시켰고, 1992

년 10월 31일 교황청 과학원에서 그 결과를 보고받았다. 그리고 갈릴레이 재판이 오류였음을 공식 인정하고 360년 만에 그의 복권을 선언했다. 이것은 과학과 종교, 신앙과 이성 사이에 전개된 비극적인 오해와 불신을 마감하는 조치로 이해할 수 있는 상징적인 사건이었다. 또한 교황은 과학과 종교에 대하여 이런 말을 한 적이 있다.

"과학은 종교로부터 그릇된 생각과 미신을 추방하여 종교를 정화시킬 수 있으며, 종교는 과학으로부터 맹목적 심취와 그릇된 절대화의 위험을 제거하여 과학을 정화시킬 수 있다. 과학과 종교는 서로 상대방으로부터 장점을 취함으로써 한층 넓은 세계, 곧 과학과 종교가 함께 번영할 수 있는 세계로 나아갈 수 있다."[59]

그 뒤 1996년 10월 22일, '생명의 기원과 진화The origin of life and evolution'를 주제로 교황청 과학원 총회가 열렸다. 교황은 이 총회에 담화를 보내 종교와 과학의 관계와 생명에 관한 교회의 입장을 다시 한번 밝힌다. 또한 진화론을 '하나의

---

59 이언 바버 지음, 이철우 옮김, 《과학이 종교를 만날 때》, 김영사, 2002, 42.

진지한 가설'로 인정했던 비오 12세 교황의 회칙에서 한걸음 더 나아갔다. 거의 반세기가 지나는 동안 진화론은 '하나의 가설 이상'이 되었다. 그리고 비오 12세 교황과 같이 인간 존엄성의 근거가 되는 영혼의 문제를 다시금 상기시켰다. 진화론은 인간 정신을 생물체의 힘에서 떠오르는 것이나, 생물체의 단순한 부수 현상으로 여기는데 이는 인간에 대한 진리와 양립할 수 없다는 것이다. 따라서 이런 이론은 인간 존엄성의 근거가 될 수 없음을 밝혔다.

베네딕토 16세 교황(재위: 2005~2013년)

가톨릭교회 정통 교리를 수호하며, 보수적인 입장을 고수한 베네딕토 16세 교황은 과학에 대해 어떤 견해를 보였을까?

그는 2011년 1월 6일 주님 공현 대축일 미사에서 현대 우주론을 언급하였다. 이 강론은 과학을 본격적으로 다루지 않는데도 언론들은 자극적인 제목으로 보도했다. "빅뱅도

신의 창조, 우주는 우연히 만들어진 것 아니다."⁶⁰

그러나 교황은 그렇게 단순하게 말하지 않았다. "우주는 일부에서 주장하는 것처럼 우연의 산물이 아닙니다. 우주를 바라볼 때, 우리는 좀 더 근원적인 것들, 창조주의 지혜와 무한한 창의력, 인간을 향한 절대적 사랑을 읽어야 합니다." 교황은 빅뱅 이론을 직접 언급하지는 않았다. 다만 빅뱅으로 대표되는 현대 우주론이 우주를 우연의 결과로 설명한다면 그것은 옳지 않다는 점을 지적한다. 빅뱅이 우주의 시작이라면 그 또한 창조주의 작품이라는 점을 말한 것으로 해석된다.

프란치스코 교황(재위: 2013년~현재)

프란치스코 교황은 예수회 출신이다. 예수회는 교회 안에서 신학과 과학을 비롯한 학문 발전에 기여해 온 수도회이다. 2014년 10월 24일부터 28일까지 교황청 과학원 총회

---

60 Philip Pullella, "God was behind Big Bang, universe no accident", Reuters, JAN 6, 2011.

프란치스코 교황은 제266대 교황(재위: 2013년 3월 13일 ~)이다.

가 열렸는데, 회의 주제는 '자연의 진화 개념Evolving Concepts of Nature'이었다. 교황은 10월 27일에 이 회의에서 연설을 하였는데, 전임 교황들이 언급해 온 진화론과 빅뱅 우주론을 가장 명료한 표현으로 정리했다. 두 이론이 창조론과 조금도 모순되지 않으며, 오히려 창조주의 존재를 필요로 한다고 강조했던 것이다.[61]

"창세기를 읽으면서, 하느님을 마술 지팡이를 휘두르는 마법사로 상상할 위험이 있습니다. 그러나 하느님은 마술사가 아닙니다. 그분은 만물을 창조하셨고, 그들 각각에 부여한 내적 법칙에 따라 발전하도록 놓아두셨습니다. 그로 인해 만물은 발달하고 충만해질 수 있었습니다. …… 그래서

---

61 Adam Withnall, "Pope Francis declares evolution and Big Bang theory are real and God is not 'a magician with a magic wand'", The Independent, 28 Oct, 2014.

창조는 오늘의 모습이 되기까지 오랜 세월에 걸쳐 진행되어 왔습니다. 하느님은 조물신이나 마법사가 아니라 만물에 생명을 주는 창조주이기 때문입니다. 세상은 혼돈의 산물이 아닙니다. 그것은 사랑으로 창조된 최고 원리로부터 나온 것입니다. …… 오늘날 세상의 기원으로 제시되는 빅뱅은 창조주의 개입과 모순되지 않으며, 오히려 창조주에 의존합니다. 진화도 진화할 존재의 창조를 전제로 하기 때문에 창조의 개념과 충돌하지 않습니다."

역대 교황의 회칙과 연설에 나타난 교회의 입장에는 분명하고 일관된 흐름이 있다. 우주는 팽창하고 있고, 그 시간을 거슬러 올라가면 언젠가는 처음이 있을 것이다. 과학자들은 그 시작을 138억 년 전으로 계산해 냈다. 아우구스티노 성인이 말한 '무無로부터의 창조 Creatio ex nihilo'에 의한 시간과 공간, 물질의 탄생이라는 관점은 일반인이나 신학자들만이 아니라, 이미 물리학자들 사이에서도 잘 알려져 있다.[62] 빅뱅 우주론은 그 이후 우주의 진화 과정을 설명한다. 가톨릭교

---

62 김도현, "무로부터의 창조와 시간의 화살", 신학과사상학회, 2019, 117.

회는 그 신비에 잠긴 태초의 손길을 겸허히 창조주에게 돌린다. 진화 역시 마찬가지다. 진화는 45억년 지구 위에 펼쳐진 생명의 향연을 설명한다. 교회는 그 생명의 탄생이 바로 창조주의 작품이며, 하느님이 불어넣은 숨결임을 강조한다. 진화는 창조 이후의 과정인 것이다. 결론적으로 가톨릭교회는 빅뱅 우주론이나 진화론을 포용한다. 창조는 '왜?'에 대한 그리스도교의 대답이고, 진화는 '어떻게?'에 대한 과학의 대답이기에 서로 논점을 달리하는 영역이기 때문이다. 두 이론의 진위에 어떤 판단을 내리는 것이 아니고 서로를 풍요롭게 하는 것임에 유의할 필요가 있다. 이렇게 두 이론이 모두 창조를 전제로 하고 있기에 가톨릭 신앙과 배치되지 않는다는 점을 분명히 하고 있다.

현대의 가톨릭교회는 과학 기술의 중요성을 인식하고 적절하게 대화하려고 노력해 왔다. 그래서 과학과 신앙의 대립적이고 이분법적 구분을 넘어, 과학과 신앙 두 영역을 동등한 근원으로 본다. 그러나 오늘날 급속도로 발전하고 있는 과학 기술에 대한 맹신은 인간 존엄성의 결여라는 결과를 가져올 수 있기에 우려를 표한다. 과학은 '할 수 있다' 또는 '하고 싶다'를 '해도 된다'로 착각하며 무섭게 앞으로만 달려가고 있기 때문이다. 가톨릭교회는 인간을 인간답게 만드는 윤리성을 상실한 채 무분별한 발전을 추구하는 과학에게 대화를 요청한다. 더불어 가톨릭교회 역시도 과학의 통찰을 배우는 열린 자세로 진리를 향해 나아가야 할 것이다.

3) 나오는 말을 대신하여

우리는 과학 기술을 부정적으로 보는 시각에서 벗어나, 새로운 '인간관'이 출현하는 시대를 대비해야 한다. 그리스도교는 과학 기술을 부정적으로 보지 않고 언제나 가치중립적으로 바라보았다. 과학 기술의 발달 자체보다 누가, 어떻게 그 기술을 사용하느냐가 중요한 것이다. 정작 두려워해야 할 것은 뛰어난 기능을 가진 기술이 아니라 그것을 조절하는 사람의 마음이기 때문이다. 물론 로봇과 인간이 감정과 의식을 공유해 가면서 점점 그 경계가 모호해 지는 순간이 다가올 것이며, 어디까지가 인간이고 어디까지가 로봇인가의 질문도 제기될 것이다. 전통적인 인간에 대한 정의도

깨지고 있다. 도구적 인간Homo Faber은 막대로 개미를 잡아먹는 침팬지에 의해, 언어적 인간Homo Loquens은 언어로 의사소통을 하는 돌고래에 의해, 사회적 인간Homo Socies은 사회생활을 하며 수집된 다양한 경험을 공유하는 개미와 꿀벌에 의해, 생각하는 인간Homo Sapiens은 인공 지능에 의해 공유되며 인간만의 영역에 의문이 제기되고 있다.

'무엇이 인간이고 인간다움일까?'라는 진지한 물음 앞에서, 인간은 기능이나 똑똑함으로 평가받는 이상의 존재임을 발견하게 된다. 긴장, 번민, 주저, 좌절, 실수, 불안, 나약, 외로움 등의 부정적인 인간의 감정과 심리마저도 인간을 인간답게 하는 중요한 가치가 아닐까 한다.

더불어, 우리는 살아가면서 피할 수 없는 질문에 마주치곤 한다. '나는 누구인가? 나는 어디에서 와서 어디로 가는가?' 이 질문을 두고, 앞서 밝힌 바와 같이 두 가지 입장을 취할 수 있다. 첫째는 과학을 바탕으로 한 무신론적인 입장이다. 우리는 우연히 '빅뱅'이라는 사건에 의해 생긴 이 우주에서 운 좋게 태어나 살다가 사라질 존재라는 것이다. 우연한 존재이기에 절대적인 기준을 둘 필요 없이, 행복을 위해

적당히 이기적으로 살다 내 유전자를 잘 남기고 떠나면 그만이다. 또한 뇌 과학자들은 수도자들이 기도할 때 일어나는 뇌 현상과 뇌전증 환자가 발작할 때의 뇌 현상이 같다고 말한다. 곧 뇌전증 환자의 해마를 포함한 내측 측두엽 부분을 자극하면 종교 체험을 할 때와 동일한 뇌의 상태가 관찰된다는 것이다. 따라서 가톨릭교회의 역사에 등장하는 많은 성인들의 신비 체험도 뇌전증 발작에 의한 뇌의 이상 현상에 불과하다고 주장한다. 이처럼 종교 체험은 인간 뇌의 회로에 잠시 문제가 생겨 나타나는 반응과 다를 바 없고, 이타적으로 보이는 행동마저도 따져 보면 '이기적인 유전자'가 생존에 더 유리한 조건을 만들기 위해 선택하는 반응이라고 본다. 물론 다음 세상이 존재한다는 아무 근거도 객관적으로 없으므로 이 세상만을 위해 즐기며 살아가면 된다. 굳이 골치 아프게 책임, 공동선, 정의, 고통 같은 걸 신경 쓸 필요도 없다. 열심히 나와 내 가족을 위해 챙기고 돈을 벌며, 남들보다 더 남겨 주어 내 자손들이 뒤처지지 않게 살도록 도우면 좋을 것이다.

둘째는 그리스도교의 입장으로, 하느님 사랑의 손길로 창조된 세상에서 소중한 생명을 선물로 받은 존재가 '나'와 '우리'라는 것이다. 이 세상에서 최선을 다해 살아가야 하지만, 이 세상이 다가 아니기에 궁극적 목적인 하느님 나라를 준비하는 삶을 동시에 살아간다. 창조의 목적에 맞는 공동선을 위해, 인간다움의 실현과 생명의 소중함에 기여하는 삶을 사는 게 우리에게 의미 있는 일이다. 우리는 하느님의 자녀이고 하느님 나라에 돌아갈 존재이기 때문이다. 여러분은 이 두 가지 선택의 길에서 어느 쪽을 살아가길 원하는가?

미국의 신경외과 전문의이자, 뇌 과학자 이븐 알렉산더가 2013년에 쓴 《나는 천국을 보았다》에는 흥미로운 내용이 나온다. 갑자기 뇌사 판정을 받고 죽었다가, 7일 만에 다시 깨어난 임사 체험near-death experience을 본인이 직접 한 후 증언하는 영혼과 사후 세계에 관한 내용을 담았다. 그는 뇌가 완전히 죽은 순간에 죽음 너머의 세상을 경험함으로써 뇌가 죽어도 인간의 의식적인 세계가 계속 존재함을 알려 주었다.

그가 체험한 천국과 영혼의 초자연적 세계는 지금의 이 세계와 완전히 분리되지 않으며, 우리 삶이 육체의 죽음과 함께 끝나는 것이 아님을 과학자이자 의사로서 명백히 보여 준다. 물론 그는 신앙생활을 열심히 하지 않은 그리스도인이었지만 인간의 언어로 설명할 수 없는 세계와 체험을 통해 새롭게 변하게 되었다.

"보다 큰 세계는 하느님의 사랑으로 다스려지고, 우리 모두는 원래 고향인 그 세계로 돌아갈 것이다. 따라서 우리는 결코 절망할 필요가 없다. 잃어버린 것을 되찾을 수 있기 때문이다."[63]

십자가 위에서 돌아가셨던 예수는 다시 부활하여 제자들과 함께한 후, 우리가 어디로 갈 존재인지 확실히 알려 주었다. "예수님께서는 이렇게 이르신 다음 그들이 보는 앞에서 하늘로 오르셨는데, 구름에 감싸여 그들의 시야에서 사라지셨다."(사도 1,9)

우리가 결국 돌아갈 본래 자리는 하느님의 품이다. 그렇게 믿고 살지 않는 사람에게는 모르겠지만 말이다. 그때까지는 윤동주의 〈서시序詩〉에서처럼, 먹고 살아가는 땅에만

---

[63] 이븐 알렉산더 지음, 이진 옮김, 《나는 천국을 보았다. 두 번째 이야기》, 김영사, 2016, 168.

시선을 고정하지 않고 "죽는 날까지 하늘을 우러러 한 점 부끄럼이 없기"를 살아가며, "잎새에 이는 바람에도" 괴로워할 줄 아는 것이 신앙인의 운명이자 삶이 아닐까 한다.

함께 읽으면 좋을 책

대화
강영안·우종학, 복있는사람, 2019.

오늘날의 무신론은 무엇을 주장하는가?
게르하르트 로핑크 지음, 이영덕 옮김, 가톨릭대학교출판부, 2012.

기독교 세계관
김영한, 숭실대학교출판부, 2010.

요한복음 강해
도올 김용옥, 통나무, 2007.

종교는 진화한다
데이비드 슬론 윌슨 지음, 이철우 옮김, 아카넷, 2005.

과학과 종교 논쟁, 최근 50년
래리 위덤 지음, 박희주 옮김, 혜문서관, 2009.

과학 신 앞에 서다
러셀 스태나드 지음, 임보라 옮김, 성바오로, 2014.

과학이 종교를 만날 때
이언 바버 지음, 이철우 옮김, 김영사, 2002.

무신론 기자, 크리스천 과학자에게 따지다
우종학, IVP, 2018.

과학과 종교: 충돌과 조화
앨리스터 맥그래스 지음, 정성희·김주현 공역, 도서출판 린, 2017.

찬미받으소서
프란치스코 교황, 한국천주교중앙협의회, 2015.

쉬어 가기

보이지 않으면 없다?

　지난 2018년 7월 6일 필리핀 대통령인 두테르테Duterte는 국가 과학 기술 주간NSTW 개막식에서 많은 이들의 관심을 불러일으키는 연설을 했다. 자신이 무신론자는 아니지만, "누구든지 신과 찍은 셀카를 보여 주어서 신이 있음을 증명한다면, 대통령직을 사임할 것이다."[64]라는 도발적인 내용이었다. 두테르테는 구약 성경의 신을 어리석다고 말했다.

　아마 많은 이들이 그의 말에 동감하며, 시원함을 느꼈을 수도 있다. 그리스도인들이 흔하게 받는 질문 중의 하나도 신이 있으면, 보여 달라거나 증명해 보라는 것이다. 그러나 이에 대해 '우리가 직접 만져 보거나 증명해 보일 수 없다면 없는 것인가?' 라는 질문을 던져 보게 된다.

---

[64] Cathrine Gonzales, "Duterte: I believe in God, but prove his existence – via a selfie", INQUIRER.net, July 08, 2018.

◇

　인간에게는 시각, 청각, 미각, 후각, 촉각이라는 총 5가지의 감각이 있다. 우리 눈에 보이는 것이 세상의 전부 같지만, 실제로 미처 볼 수 없는 많은 세계가 있다. 지금까지 알려진 가장 작은 생명체인 바이러스를 예로 들 수 있다. 바이러스처럼 전자 현미경을 통하지 않고는 볼 수 없는 세계가 있는데 원자, 원자핵, 양성자, 중성자, 전자, 쿼크quark 등도 해당된다. 우리 주위에는 작지만 역동적인 미시 세계가 존재한다. 미국의 CNN 방송은 지구 땅속 깊숙한 곳에 인간 생명체 전체를 합친 것의 수백 배에 달하는 '좀비 박테리아'를 비롯한 생명체를 발견했다고 보도했다. 이 박테리아는 지금까지 인간이 알지 못하던 새로운 생명체인데, 지구에서 생명체가 어떻게 생겨났는지 등에 여러 의문을 제기하는 발견이라고 한다. 이처럼 눈으로 보기에는 너무 작아서 볼 수 없는 바이러스 같은 미시 세계가 분명히 존재하며, 지금도 인간의 생사에까지 영향을 주곤 한다.

　반대로, 광활한 우주라는 거시 세계는 신비로 가득 차 있다. 2009년, 유럽 우주국ESA은 위성에 플랑크 망원경을 탑재해 쏘아 올렸다. 이 망원경은 우주 나이의 비밀을 밝혀 주었다. 우주를 구성하는 것 중 눈에 보이는 물질은 겨우 5% 정도라고 한다.

천문학계에 따르면 우주는 138억 년 전 빅뱅이 일어난 이후 계속 팽창하고 있는데, 관측 결과 우주 팽창 속도는 점차 빨라지고 있다. 과학자들은 팽창이 일어나는 힘의 원천을 암흑 에너지dark energy, 암흑 물질dark matter로 설명하고 있다. 암흑 에너지는 우주의 끌어당기는 힘에 대항하여 반대쪽으로 잡아당기는 힘이다. 이 힘 덕분에 우주는 계속 팽창하며 지금의 우주로 형성되었다. 암흑 물질은 중력에 영향을 주는 물질인데, 아직까지 정확한 관측이 되지 않아 궁금증을 더해 가고 있다. 이를 찾기 위해 과학자들은 땅속 깊은 곳에 예민한 장치를 설치해 놓고 탐지 활동을 하고 있지만, 그럴싸한 결실은 아직 나오지 않았다. 그 정체가 암흑 속에 싸여 있다고 해서 이름 역시 암흑 물질이다. 우주학자cosmologist들이 작성한 우주론 표준 모형에 따르면, 우주를 구성하는 성분 가운데 암흑 물질이 26.8%를 차지하고 있다. 암흑 에너지가 68.3%인 점을 감안하면 우주는 95.1%

가 아직 밝혀지지 않은 미지 세계라고 한다.[65] 인간의 눈은 일정한 범위만을 볼 수 있을 뿐, 너무 작거나 너무 크면 볼 수 없다. 두테르테의 말처럼, 다 볼 수 있거나 알 수 있으면 이미 신이 될 수 없지 않을까? 모든 것이 파악되고 완벽히 증명되는 존재는 더 이상 신적일 수 없기 때문이다. 인간이 볼 수 있는 범위나 사물이 제한적인 상황에서, 보이지 않으니 존재하지 않는다고 말하는 것은 모순이라고 할 수 밖에 없다. 신은 보이지 않을 정도로 너무 작은 모습으로 우리 마음에 존재하며, 동시에 너무 커서 볼 수 없는 존재가 아닐까?

청각도 마찬가지이다. 인간은 아주 미세한 소리를 포착할 수 없고, 너무 큰 소리가 들어오면 고막이 찢어져서 들을 수 없다. 박쥐의 청각은 굉장히 예민해 왕풍뎅이의 날갯짓 소리와 그 뒤

---

[65] 이강봉, "암흑 물질은 물방울 모양", Sciencetimes, 2018.10.23. 또 다른 과학자들은 우주에 존재하는 별과 행성, 가스 등은 우주의 4%에 불과하며 23%는 암흑 물질, 73%는 암흑 에너지가 차지하고 있다고 보고 있다. 그러나 이 암흑 물질이 어떻게 생성되는지 밝혀내지 못하고 있다. 지난 2016년 과학자들은 이 암흑 물질이 13억 광년 떨어진 원시 블랙홀Primordial Black Holes에서 생성됐다고 발표한 바 있다. 그러나 우주에 가득 차 있는 것으로 보이는 암흑 물질에 대한 충분한 설명이 되지 못하고 있다.

에서 살랑거리는 나뭇잎의 미세한 소리를 구분할 수 있을 정도이다. 우주에 완전한 침묵이란 없다. 단지 인간이 듣거나 듣지 못하거나 하는 차이만 존재할 뿐이다. 인간이 감각하지 못해도 다른 생물에게 감각되는 소리와 진동은 얼마든지 있기 때문이다.

또한 인간이 느낄 수 있는 미각이 다섯 가지가 있는데 단맛, 쓴맛, 신맛, 짠맛, 감칠맛이다. 그러나 세상에는 이 다섯 가지의 맛밖에 없을까? 아주 많은 종류의 맛이 있는데, 인간이 느끼는 것은 고작 다섯 가지가 아닐까? 이렇게 보면, 인간은 분명히 감각의 한계를 가진 존재라 할 수 있다. 그렇기에 인간의 오감을 포함한 지식은 아직 불완전할 수밖에 없다.

또한 물리학자 김상욱 교수는 인간이 보는 것과 인식하는 것이 다르다고 말한다.

"보는 것과 의식하는 것은 다르다. 사물의 모습을 담은 빛이 망막의 표면에 만들어낸 화면과 이것을 전기 신호로 받아 뇌에서 인식된 사물의 모습은 같지 않다. 사람의 뇌는 감각으로 들어온 정보를 그대로 받아들이지 않고 경험을 토대로 재구성한다. 뇌는 마치 과학자와 같이 가설을 세우고 이야기를 만든다. 그래서 우리가 보려는 것을 보게 되고, 볼 계획이 없거나 알지 못하여 이야기를 만들 수 없는 것은 보고도 알지 못한다. 감각과 의식은 다르다. 따라서 본 것을 본 그대로, 대상을 보이는 대로 그리는 것은 생각만큼 쉽지 않다. …… 인간의 감각을 믿지 말지어다. 감각에 의존하여 구축된 의식은 더욱 믿지 말지어다. 인간의 감각은 더 정교한 기계의 검증을 받아야 하며, 인간의 의식은 더 정확한 수학의 확인을 받아야 한다. 자연의 진실은 종종 인간의 감각과 의식 그 너머에 있기 때문이다."[66]

더욱 심오한 측면에서는 경험의 배반과 마주하기도 하는데, 우리가 경험하는 많은 것은 이중성을 지니고 있다.

현대의 양자 역학은 빛이 파동이기도 하고 입자이기도 하다는 결론을 내린다. 자연계에는 다양한 우연성이 있다. 방향 없이 생겨나는 듯한 우발적 사건들이 쌓이고 쌓여 우주도 변하고 지구도 변하고 생물들도 진화하지만, 그리스도인은 그 과정을

---

[66] 김상욱, '김상욱 · 유지원의 뉴턴의 아틀리에', 경향신문, 2019년 3월 26일자, 16면.

신의 계획과 섭리가 담긴 과정이라고 하는 것도 이중성의 예라고 할 수 있다. 경험의 다면성과 경험의 배반은 인간 경험이 갖는 제한성과 이성의 한계를 보여 준다. 그리고 과학만이 실재를 파악하는 유일한 도구가 아님을 다시 한번 알려 준다. 이에 대해 이어령 교수는 어느 인터뷰에서 양자 세계의 이중성이 유有도 아니고 무無도 아니며 물질도 아니고 비물질도 아니기에, 물질의 궁극에는 아무것도 존재하지 않는 '비어 있음'이라고 표현하며 유물론의 한계를 지적하기도 한다. 이처럼 우리는 우주가 어떤 인과 관계를 가지는지 묻고 답할 수 있다. 하지만 그것은 우주라는 실체의 한 면을 보는 것에 불과하다. 그리고 과학을 통해 그 한 면을 보는 것조차 다양한 한계를 겪을 수밖에 없다[67]는 과학자들의 솔직한 고백을 새겨들어야 한다.

    어느 누구도 하느님을 실제로 본 적이 없으며, 또한 제대로 본 사람은 없다. 그분은 숨어 계시며 숨어 계셔야만 하는 분이다. 그렇지 않으면 지상의 인간이 그분의 거룩함을 감당해 낼

---

[67] 강영안 · 우종학, 《대화》, 복있는사람, 2019, 68~69.

수 없기 때문이다. 그럼에도 인류의 역사 안에는 하느님에 대한 인식이 완전히 없었던 것이 결코 아니다. 이스라엘 민족에는 하느님과 만남의 역사가 있었고, 이 역사는 예수 그리스도 안에서 절정에 이르렀다. 마침내 하느님은 우리 인간으로 하여금 당신을 인식하게 하셨다. 예수를 통해 우리는 하느님이 누구신지 알 수 있게 되었다. 예수 그리스도는 세상 안에서 이루어진 하느님의 결정적인 현현顯現이기 때문이다. 누구든지 예수를 바라보고 있는 이는 하느님을 바라보는 것과 같다고 할 수 있다.[68]

---

[68] 게르하르트 로핑크 지음, 이영덕 옮김, 《오늘날의 무신론은 무엇을 주장하는가?》, 가톨릭대학교출판부, 2012, 36.